现代观光农业
建园与休闲旅游

◎贾 平 沈志河 尤 斌 主编

中国农业科学技术出版社

图书在版编目（CIP）数据

现代观光农业建园与休闲旅游 / 贾平，沈志河，尤斌主编 .—北京：中国农业科学技术出版社，2019. 6（2025.7重印）

ISBN 978-7-5116-4227-1

Ⅰ. ①现… Ⅱ. ①贾…②沈…③尤… Ⅲ. ①观光农业-研究-中国②乡村旅游-研究-中国 Ⅳ. ①F592. 3

中国版本图书馆 CIP 数据核字（2019）第 109188 号

责任编辑	白姗姗
责任校对	李向荣
出 版 者	中国农业科学技术出版社 北京市中关村南大街 12 号 邮编：100081
电 话	(010)82106638(编辑室) (010)82109702(发行部) (010)82109709(读者服务部)
传 真	(010)82106650
网 址	http://www.castp.cn
经 销 者	各地新华书店
印 刷 者	北京捷迅佳彩印刷有限公司
开 本	850mm×1 168mm 1/32
印 张	8
字 数	200 千字
版 次	2019 年 6 月第 1 版 2025 年 7 月第 4 次印刷
定 价	36. 00 元

《现代观光农业建园与休闲旅游》

编 委 会

前 言

国家旅游局、农业部联合印发了《关于组织开展国家现代农业庄园创建工作的通知》，决定在全国国有农场范围内组织开展现代农业庄园创建工作。

创建现代观光农业庄园发展休闲旅游，是提高农业质量和效益、实现一二三产业融合发展，推进农业和旅游业供给侧结构性改革的具体实践；是创新经营模式，示范带动我国特色新型农业现代化的重要抓手；是丰富旅游产品，满足消费者多元化需求的重要举措；是促进全域旅游、发展农业、建设农村、富裕农民的重要载体，成为引领农旅融合发展的新名片，对全面建成小康社会具有重要意义。

由于编者水平所限，加之时间仓促，书中不尽如人意之处在所难免，恳切希望广大读者和同行不吝指正。

编 者

2019 年 4 月

目　录

第一章　乡村振兴战略

第一节　乡村振兴战略提出的背景及意义

一、乡村振兴战略提出的背景

党的十八大以来，以习近平同志为核心的党中央坚持把解决好“三农”问题作为全党工作重中之重，出台了一系列强农、惠农、富农政策，推动农业农村发展取得了历史性成就、发生了历史性变革，农民生活水平有了很大提高。但是同时也要看到，当前我国农业竞争力依然不强，农民收入水平依然较低，农村依然普遍落后，最大的不平衡是城乡发展不平衡，最大的发展不充分是农村发展不充分。农村依然是实现全面小康社会最大的短板，农业是实现“四化同步”发展最大的短腿。中央在这个时候提出实施乡村振兴战略，实际上是在提醒我们：由于中国的特殊国情，由于中国在未来二三十年发展中的一种阶段性特征，我们在现代化的进程中不能忽视农业、不能忘记农民、不能淡泊农村，必须下大力气提高“三农”发展水平。

二、乡村振兴战略的重大意义

农业农村农民问题是关系国计民生的根本性问题。没有农业农村的现代化，就没有国家的现代化。农业强不强、农村美不美、农民富不富，决定着亿万农民的获得感和幸福感，决定着我国全面小康社会的成色和社会主义现代化的质量。如期实现“全面建成小康社会”的第一个百年奋斗目标，并向实现“建成富强民主文明和谐美丽的社会主义现代化强国”的第二个百年奋斗目标迈进，最艰巨最繁重的任务在农村，最广泛最深厚的基础在农村，最大的潜力和后劲也在农村。实施乡村振兴战略，是我们党“三农”工作一系列方针政策的继承和发展，是中国特色社会主义进入新时代做好“三农”工作的新旗帜和总抓手，实施乡村振兴战略是一项长期的历史性任务。

第二节　实施乡村振兴战略的总要求

实施乡村振兴战略，要按照产业兴旺、生态宜居、乡风文明、治理有效、生活富裕的总要求，建立健全城乡融合发展体制机制和政策体系，加快推进农业农村现代化。

产业兴旺，就是要紧紧围绕促进产业发展，引导和推动更多资本、技术、人才等要素向农业农村流动，调动广大农民的积极性、创造性，形成现代农业产业体系，促进农村一二三产业融合发展，保持农业农村经济发展旺盛活力。

生态宜居，就是要加强农村资源环境保护，大力改善水、电、路、气、房、讯等基础设施，统筹山、水、林、田、湖、草保护建设，保护好绿水青山和清新清净的田园风光。

乡风文明，就是要促进农村文化教育、医疗卫生等事业发展，推动移风易俗、文明进步，弘扬农耕文明和优良传统，使农民综合素质进一步提升，农村文明程度进一步提高。

治理有效，就是要加强和创新农村社会治理，加强基层民主和法治建设，弘扬社会正气、惩治违法行为，使农村更加和谐安定有序。

生活富裕，就是要让农民有持续稳定的收入来源，经济宽裕，生活便利，最终实现共同富裕。

在实践中，推进乡村振兴，必须把大力发展农村生产力放在首位，支持和鼓励农民就业创业，拓宽增收渠道；必须坚持城乡一体化发展，体现农业农村优先原则；必须遵循乡村发展规律，保留乡村特色风貌。

纵观乡村振兴战略的20字总要求，产业、生态、乡风、治理、生活，“五子”登科，协同推进，符合中央“五位一体”总体布局和“四个全面”战略布局的总要求。乡村振兴不仅是经济的振兴，还是生态的社会的振兴和文化教育科技的振兴。

第三节　实施乡村振兴战略的方针

新时期谋划实施乡村振兴战略，要全面总结21世纪以来特别是最近5年多的“三农”工作和历史性变革，系统分析新时代我国社会主要矛盾转化在农业领域、农村地区和农民群体中的具体体现，贯彻习近平新时代中国特色社会主义思想和基本方略，按照决胜全面小康社会和开启全面建设社会主义现代化国家新征程的要求进行考虑设计，引入新思想、新手段和新平台。

一是重视不同区域乡村发展的差异性。乡村振兴战略实施的基本地点在乡村，全国不同类型和不同地区乡村在振兴的内容上是有很大差异的，各地必须实行统筹规划、分类推进，在追求粮食安全、产业效益、生态环境建设保护上进行理性选择。我国乡村地域辽阔，乡村类型复杂多样，乡村与乡村之间差异很大。例如，有的乡村距离城镇很近或者就在城镇规划范围之内，区域人口属于净流入趋势，未来的发展趋势要融入城镇。而有的乡村距离城镇很远，农业人口向非农产业和城镇大规模转移，区域人口属于净流出趋势，未来的发展趋势是少耕休耕、退耕还林还草或者纳入生态风景旅游区建设等。要以国家主体功能区规划为依据，推进乡村多功能性建设和专业化发展，对乡村进行分类，明确未来发展目标定位，实行宜粮则粮、宜经则经、宜草则草、宜牧则牧、宜林则林、宜渔则渔、宜退则退、宜居则居。第一类是在粮食主产区和核心产区，要重点加强粮食综合生产能力建设，确保国家粮食安全，把中国人的饭碗牢牢端在自己手中。第二类是在重要农产品生产区和农业产业化发展区，要按照产业兴旺、生态宜居、乡风文明、治理有效、生活富裕的总要求，把地方特色农业做强做亮。第三类是在不适宜发展粮食生产和不适宜发展农业产业的区域，要有计划有步骤地退出农业商品化生产，加强生态环境建设保护，着力解决突出环境问题，保护性开发农业多能性，推进农业可持续发展，建设美丽乡村，把绿水青山建设成为金山银山，满足人民日益增长的美好生态环境需要。不管哪一类地区，在现阶段都要支持和鼓励农民就业创业，拓宽增收渠道。

二是重视向农村引入新的先进生产要素。一要做好人力的文章。大力促进乡村地区、涉农部门和涉农产业人的全面发展，配好用好干部，加快补齐人才、知识和技能短板。进一步扶持农民向非农产业和城镇转移，积极引导和支持城镇市民下乡和农民工返乡创业，推进城乡一体化发展，实现城乡融合发展，提高乡村人口的社会流动能力和社会流动性。加强农村教科文卫事业发展，大力提高教育培训质量，培养造就一支懂农业、爱农村、爱农民的“三农”工作队伍。二要做好地权的文章。大力加强农村基础设施建设，提高乡村公路、水利、电力、电信、燃气和社区建设水平。借鉴城市土地制度改革及国际经验，探索建立农地收储和整治机构，提供“土地银行”中介服务。大规模推进土地整理，提高土地质量等级。深化农村土地制度改革，完善承包地“三权”分置制度。保持土地承包关系稳定并长久不变，第二轮土地承包到期后再延长30

年，稳定长期投资预期，激发农业劳动者积极性。三要做好资本的文章。深化农村集体产权制度改革，保障农民财产权益，壮大集体经济。构建现代农业产业体系、生产体系、经营体系，发展多种形式适度规模经营，培育新型农业经营主体，实现小农户和现代农业发展有机衔接。改革创新金融体制，探索设立乡村开发基金等，服务乡村振兴。四要做好技术的文章。既要推进物的现代化，更要推进人的现代化，还要推进生态建设的现代化。促进地方特色农业发展分工分业，有所创新，错位发展，促进区域内联合与合作，拓展区外乃至全国和世界市场，拉长农业产业链条，探索跨行业融合产业，推进严格管理，打造品牌效应。探索组建专业化运作的商会协会，发挥商会作用；成立投资管理服务公司，发挥企业运作作用；开行运输班列，发挥交通物流支撑作用；健全监督管理法规制度，发挥标准规范作用。

三是重视进一步拓宽乡村建设发展主体。乡村振兴战略实施的重要主体既有乡村力量，也有城镇力量；既有党政力量，也有市场力量，还有社会力量；既有国内各界的力量，也有国外支持的力量；国家要加强顶层设计，推进分工合作，建立健全体制机制和政策体系。首先要搭建有形之手。在党中央、国务院统一领导下，各地区各部门要成立党政领导协调小组，精心组织、高位推动，协调解决各种重大问题。其次要用好无形之手，发挥企业在投资管理服务方面的重要作用。从适应市场经济发展要求上进行谋划，让市场在资源配置中起决定性作用，政府更好地发挥作用。再次要拓展社会之手，探索政府购买服务和促进行业联合的新机制。动员和组织全社会力量参与乡村振兴工作，从生存条件、生产条件、生活条件和生态条件角度，共建美丽中国。加强和改进农村基层基础工作，健全自治、法治、德治相结合的乡村治理体系。

第二章　现代休闲观光农业

第一节　休闲观光农业概论

一、休闲观光农业的含义、特点和功能

（一）休闲观光农业的含义

休闲观光农业是指利用农村田园景观、自然生态环境资源，结合农林渔牧生产和经营、农村文化及农家生活，经过科学规划和开发设计，发挥农业与农村休闲功能，为游客提供观光、度假、体验、推广、示范、娱乐、健身等多项休闲需求，以增进城市居民对农业及农村的体验、提高农民收益为目的的农业经营形态。从广义的观点来看，休闲观光农业还包括休闲林业、休闲渔业、休闲牧业、休闲农家乐等。因此可以说，休闲观光农业是以农业为基础、以休闲为目的、以服务为手段、以城市游客为目标，是农业和旅游业相结合，第一产业和第三产业相结合的新型产业。休闲观光农业是社会经济发展进入新阶段的产物，是农业多功能的拓展和延伸，是现代农业的组成部分。

（二）休闲观光农业的特点

（1）休闲观光农业是体现生产、生活和生态“三生”一体的农业经营方式。

（2）休闲观光农业是农业生产、农产品加工和游憩服务业三级产业相结合的新兴产业。

（3）休闲观光农业具有强烈的季节性，一年四季不同，有旺、淡季之分。

（4）休闲观光农业体现人与自然的和谐性，为游客提供亲近自然、回归自然的机会。

（5）休闲观光农业所提供的休闲产品、休闲活动和休闲服务，具有服务业商品的特性。

二、休闲观光农业的功能

发展休闲观光农业是调整传统农业产业结构，加快农业产业化进程，增加农民收入的有效措施，是促进城乡统筹发展、解决“三农”问题、构建和谐社会主义新农村的重要途径。休闲观光农业具有以下几个方面的功能。

1. 环保功能

休闲观光农业可以保护和改善生态环境，维护自然景观生态，提升环境品质，有利于生态系统良性循环。

2. 社会功能

休闲观光农业为都市居民与农村居民提供交流平台，有利于农村经济的发展和农村面貌的改善；有利于促进农村社会的进步，缩小城乡差距。

3. 游憩功能

休闲观光农业可以为游客提供观光、休闲、体验、娱乐、度假等各种活动的场所和服务，有利于放松身心、缓解紧张工作和学习的压力，陶冶性情。

4. 经济功能

休闲观光农业是农民就业增收的重要途径，有利于农村剩余劳动力的就地就近转移；是调整农村产业结构的重要方式，有利于农村经济的快速发展。

5. 医疗功能

休闲观光农业区具有优美的自然环境、新鲜的空气、宁静的空间，有利于调节身心及养生保健。

6. 文化功能

休闲观光农业包含农村民俗文化、乡村文化和农业产业文化，在为游客提供各种农村文化活动的同时，也能促进农村文化发展。

7. 教育功能

休闲观光农业可以为游客提供了解农业文明、学习农业知识、参与农业生产活动的机会，是融知识性、科学性、趣味性为一体的农业生态科普园地。

第二节 休闲观光农业的产生和发展

一、休闲观光农业的起源

休闲观光农业是20世纪末的时尚。它在世界范围的真正兴起为20世纪中后期，在我国则从20世纪90年代开始。意大利在1865年就成立了“农业旅游全国协会”，专门介绍城市居民到农村去体味农田野趣，距今已有100多年的历史。然而，就把农业引入园林这一简单形式看，我们也可以从园林的最初形态上找到休闲观光农业的雏形。

在古希腊园林形成的初期，实用性很强，形式也比较简单，多将土地修正为规则式园圃。种植则以经济作物为主，栽培果树、蔬菜及生产香料和各种调味品。这是当时比较主要的表现形式。

在古罗马园林中，基本继承了古希腊园林规则式的特点，并对其进行了发展和丰富。在种植方面，花园占了较大的比重，园林中的葡萄园、稻田则不再具有强烈的功利性。

在“黑暗的中世纪”，园林以实用为主，城堡内的园林中设有规则的药圃和菜地。

在我国园林的雏形——周朝的苑、囿中，也栽有大量的桃、梅、木瓜等农作物，这从《周礼》上“园圃树之果瓜，时敛而收之”、《说文》上“园，树果；圃，树菜也”（树即栽培之意）、《诗经》上“桃之夭夭，灼灼其华”等诗句中可以看出。

随着历史的发展，农作物在园林中应用也逐渐减少，到文艺复兴时期，当时最大的园林理论家阿尔伯蒂（Leon Battista Alberti）的设计思路就摒弃了纯实用的观点，认为果树不应种植在园林里……

从中外园林的最初形态上我们都能看到很多农业的影子，而今天，农业观光、农业旅游又成为新一轮的热点，这也说明人类对农业的认识已经历了一个否定之否定的过程，人们的认识已经上了一个新台阶。

二、休闲观光农业的发展

1. 休闲观光农业的背景与意义

休闲观光农业集农业和旅游业的特点，是农业发展的新途径，也是旅游业发展的新领域。休闲观光农业的发展与国民经济的发展、生活水平的提高以及生活方式的改变有着密切关系，特别是在城市化迅速发展的今天，城市高楼林立，街道纵横，交通拥堵，绿地减少，环境污染，人口增加，生活节奏紧张繁忙，人们生活空间日趋缩小。假日里有限的城市公园和风景区，由于人满为患，已经不能满足人们对休闲和旅游的心理需求，迫切需要到郊外农村寻求新的旅游空间，去欣赏田园风光、享受乡村情趣，实现回归大自然、陶冶情操、休养健身的愿望。

与城市相比，农村天地广阔，空气新鲜，自然环境优美，山村野趣浓厚，绿色食品多样，农事活动新奇，乡土文化丰富，对城市居民来说，是一种别具情趣的享受，具有极大的吸引力。发展休闲观光农业可以为城市人扩大观光旅游领域、学习和丰富农业知识、体验农民生活、促进城乡文化交流创造条件。农村优美的自然环境及新异的农业景观和城市人扩大休闲旅游的强烈愿望相结合，就形成了休闲观光农业发展的客观背景。

为适应旅游业发展的客观要求，充分开发利用农业资源，加快休闲观光农业的发展，具有重要的现实意义。主要表现如下。

（1）可以充分有效地开发利用农业资源，调整和优化农业结构，促进农业和旅游业的合理结合，建立新的“农游合一”的农业发展模式。

（2）可以扩大旅游市场和农产品销售市场，同时还可以带动相关产业的发展，扩大劳动就业，增加经济收入，发展高效农业。

（3）可以保护和改善农业生态环境，塑造良好的乡村风貌，提高城市人的生活质量和环境质量，达到休憩健身的目的。

（4）可以让游客了解农业生产活动，体验农家生活气息，享受农业成果，普及农业基本知识，促进城乡文化交流。

（5）可以开拓新的农业旅游空间和领域，使部分游客走进“农业”这一大世界，以减轻某些观光地的人满为患压力，缓解假日里城市旅游地过分拥挤的现象。

2. 我国休闲观光农业的发展

我国是个古老的农业国，有悠久的农业历史，孕育了丰富的农耕文化；中国地大物博，农业资源异常丰富，农业景观新奇多样，这些都是促进休闲观光农业发展的内因。近年来，我国大陆实行改革开放，居民经济收入增加，生活水平显著提高，尤其是城市居民生活消费不再仅仅满足于衣食住行，而转向多样化、高层次的文化娱乐，由于城市人口增加，生活空间拥挤，工作节奏加快，人们产生了回归大自然、向往田园之乐的强烈愿望。因而，广阔的客源市场和旅游要求为休闲观光农业的发展提供了强有力的外因。

近年来，随着农业、旅游业的发展，农村条件的日益改善，为休闲观光农业的发展提供了可能。世界各国休闲观光农业发展的成功经验，也触发了我国大陆休闲观光农业的迅速发展。20 世纪 80 年代后期，改革开放较早的深圳首先开办了荔枝节，主要目的是为了招商引资，随后又开办了采摘园，取得了较好的效益，于是各地纷纷仿效，开办了各具特色的休闲观光农业项目。如浙江金华石门农场的花木公园、自摘自炒茶园，富阳县的农业公园；福建漳州的花卉、水果大观园，厦门华夏神农大观园，建阳县黄坨乡蛇园，东山县“海上新村”“鲍鱼观尝村”；云南西双版纳热带雨林、傣族的民舍；广西柳州水乡休闲观光农业区；安徽黄山市休宁县凤凰山森林公园；山东枣庄石榴园；吉林净月坛人工林场；四川三台新鲁橄榄林公园；海南亚珠庄园；河南周口市“傻瓜农业园”，睢阳县的绿雕公园；上海浦东“孙桥现代农业开发区”等。这些农业观光基地大多项目独特，条件优越，既可观光游览，又可操作度假，还有许多农业节活动相辅，正在逐步形成具有中国特色的休闲观光农业基地。

第三节　乡村振兴战略下的观光农业和乡村旅游

党的十九大提出实施乡村振兴战略。实施乡村振兴战略，对掀起新一轮乡村经济繁荣和农村社会进步具有重要的战略指引作用，对于深入推动我国乡村转型发展、促进城乡融合发展、实现“两个一百年”奋斗目标具有重要的历史意义。

乡村地区是我国经济社会发展的广大区域，是我国城市发展不可割裂的资源供给区域。然而，随着我国城市化进程的加快，乡村地区在产业发展、要素集聚、技术创新、市场连接、公共设施建设等方面的劣势越发明显，发展要远落后于城市地区，尤其是偏远地区的乡村，表现得更加萧条和衰退。这并非传统农业的凋敝，而是乡土景观基因、乡村文化因子、自然生态价值、土地利用潜力等没能继承、延续、挖掘和发挥，乡村经济社会发展活力丧失，这与我国全面建成小康社会、全面建设社会主义现代化的总体目标和方向相背离，因此，作为城市发展依靠的乡村，亟须振兴发展。

一、剖析乡村发展落后的根源

要推动我国乡村振兴发展，首先要深入分析我国乡村发展落后的深层原因。西方发达国家乡村发展经验和我国乡村发展实践都表明，乡村的衰退多与人口迁移、土地利用、产业衰退、教育落后、文化失传、生计困难六大问题密切相关。剖析我国乡村发展落后的根源，主要表现为六大方面的问题。

1. 人力流失

我国快速城市化和工业化为城市地区带来了强大的人口虹吸效益，自20个世纪90年代开始，以获取高额劳动报酬为目的的城乡人口迁移运动导致了我国乡村地区有效人力资源流失，这是我国乡村衰退的关键原因。据统计，到 2016 年年底，我国人口迁移流动规模达 2.45 亿人，其中 80%的人口是从农村地区流向城市地区。城乡人口迁移流动在一定时期虽然解决了农村劳动力过剩的问题，但也产生了乡村家庭、经济、社会、文化等新问题。因此，吸引乡村已迁出的新一代劳动力返乡创业及城市精英群体下乡创业发展是乡村振兴的关键所在。

2. 土地荒废

长期以来，我国传统的农业种植收益比不上进城务工收益已是不争的事实，这导致了大多数农民对土地经济产出有限的狭隘认知，导致了严重的农地撂荒现象，乡村土地应有的经济、社会、生态、景观价值没有得到发挥。因此，保护农村土地资源，挖掘农村土地的利用价值，激发农地全方位附加价值是乡村振兴的首要目标。

3. 教育落后

中国农村贫困的根源在于农村受教育程度总体较低。除了农村留守青少年的教育资源严重不足之外，留守成年就业群体再教育和职业培训机会较少也是乡村发展受限的更为重要的原因。我国乡村农民群体总体受教育水平不高导致乡村发展的创新动力不足，也是我国乡村衰退问题的重要原因。

4. 产业衰退

乡村产业衰退是指长期以来我国传统农业活力的不足，农村产业拓展有限，尤其是偏远地区传统产业的封闭和落后，是阻碍乡村经济发展的重要原因，这跟技术创新、市场繁荣等不无关系。一直以来，我国传统农业的社会化、现代化、融合化程度还比较低，农业企业的组织化、市场化、规模化、创新化程度还不高，这些都严重制约乡村产业的转型升级，阻碍乡村产业的现代化发展。

5. 文化失传

乡土文化是我国区域文化的重要组成，也是中华民族文化的精华所在。我国乡村地区在长期的劳动实践过程中积淀了丰富的农业生产、社会生活、自然生态等方面的乡土文化，这些正伴随着农村人口向城市转移而逐渐失去应有的活力。错误的乡村建设观念、发展观念对传统古村落和乡村自然生态产生了巨大破坏，进一步加速乡土文化的失传，丢失乡村的灵魂。文化失传是我国大多数乡村衰退，甚至衰亡的深层根源。

6. 生计困难

我国乡村地区，尤其是西部地区、边远地区、高山地区，之所以发展活力不足，一个直接的原因是农户生计困难，有限耕地资源使得生活难以为继，长期在温饱线上挣扎。生计困难主要表现在生计脆弱性较强、生计资本不多、生计手段有限、生计能力不可持续。为了可持续生计，农民被迫过上了城市边缘生活。源于自然环境脆弱性的生计困难，是农民个体所无力改变的，势必需要政府引导、产业发展和社会参与来共同解决。

二、发挥观光农业与乡村旅游的重要作用

观光农业与乡村旅游是推动乡村经济现代化的新型产业手段。观光农业与乡村旅游因其产业综合性、兼容性，能够为应对我国乡村发展落后六大主要问题提出有效解决办法，因此，必将在我国新时代乡村振兴战略中发挥重大作用。

1. 发展观光农业与乡村旅游汇聚农村人气

观光农业与乡村旅游发展能够吸引农民工返乡创业、城市创客下乡创业、游客来乡旅游，进一步增强农村人气。2015

年国务院办公厅颁布的《关于进一步促进旅游投资和消费的若干意见》，明确提出“开展百万观光农业与乡村旅游创客行动”。为了响应国务院号召，国家旅游局决定开展“百村万人观光农业与乡村旅游创客行动”，计划2015—2017年三年时间内，在全国创建100个观光农业与乡村旅游创客示范基地，组织引导10 000名大学生、返乡农民工、专业艺术人才、青年创业团队等各类“创客”投身观光农业与乡村旅游发展，这为我国乡村振兴发展汇聚宝贵的人力资源。

2. 发展观光农业与乡村旅游盘活农村土地

发展观光农业与乡村旅游是促进农业转型发展的重要手段，也是提高农村土地资源利用效率和产出附加价值的最优途径之一。根据笔者对湖南某村的实践调查结果，该村农地用于传统水稻种植，每亩年收入约1 450元。观光农业与乡村旅游开发之后，原有农地流转为葡萄种植园，每亩年收入约22 000元，是之前的15倍，而且农地休闲利用后，全村年累计接待游客20余万人次，较好地满足了周边城市居民的游憩需求，极大地提高了农地产出经济、社会附加价值，且土地利用率提高了10%以上。可见，发展观光农业与乡村旅游能够很好地盘活农村土地，增加农户的生计资本，发挥农村土地的社会效益。

3. 发展观光农业与乡村旅游激活农村产业

观光农业与乡村旅游为农村产业转型发展提供了新的方向，观光农业与乡村旅游能够挖掘农业产业附加价值，促进其与旅游业、休闲业的融合发展。旅游业与农业的融合发展能够有效防止农业发展的“边际效益递减”趋势，衍生新的生产力，实现农业现代化。此外，随着观光农业与乡村旅游的发展，乡村的渔业、农产品加工业、商业、特色手工业、特色养殖业、特色建筑业等都会随之而发展，极大丰富和激活农村产业潜力，拓展产业链条，完善农村产业体系。

4. 发展观光农业与乡村旅游改善农民教育

我国农村教育落后，教育资源不足，主要表现在两个方面：一是对留守青少年的义务教育资源短缺；二是对于有劳动能力的留守成年人的职业技能教育不足。大力发展观光农业与乡村旅游，组织高校、研究机构的旅游管理、农业经济专业教师、研究人员、技术人员下乡进行教育培训，或者通过公司组织农民到外地参观学习培训，将有效改善我国农村教育资源不足、农民文化素质不高的现实问题，从总体上提高和改善农村教育水平。

5. 发展观光农业与乡村旅游传承乡土文化

以乡土文化为核心资源的观光农业与乡村旅游发展，需要挖掘和保护乡土文化资源。无论是西递宏村的古村落，还是婺源的油菜花海，抑或边城的民俗演艺，这些观光农业与乡村旅游目的地都因其深厚的乡土文化而备受青睐。观光农业与乡村旅游因独特的乡土文化而精彩，反过来，观光农业与乡村旅游的成功也增强了全社会对乡土文化的保护意识。观光农业与乡村旅游发展传承乡村农耕、村俗、服饰、餐饮、宗祠、建筑、民约等物质和非物质乡土文化，不断促进我国乡村地区的繁荣昌盛。

6. 发展观光农业与乡村旅游增强农户生计能力

观光农业与乡村旅游发展能够有效改善农村居民的生计、促进贫困户脱贫致富已成为国际贫困治理研究的共识。观光农业与乡村旅游发展中对基础设施、公共设施的修建，能够缓解传统农地经营的生计脆弱性，提高乡村居民的自然、物质、社会、金融、人力等生计资本，为乡村居民提供旅游经营、旅游就业、工程建设、店铺经商等多元化非农生计活动选择，且能够增加旅游服务培训、农业技能培训和经营管理培训机会，真正实现从增加生计收入到增强生计能力，实现农户生计可持续性，不仅加速其减贫脱贫，而且还能够帮助实现其小康生活梦想，这既是我国乡村振兴战略的出发点，也是落脚点。

第三章　休闲观光农业产业模式

休闲观光农业是在传统农业基础上发展起来的融农业和观光休闲为一体的新型产业，构成休闲观光农业的支柱产业，包括第一产业即农业产业（作物种植业、林业、畜牧业、水产养殖业和家庭副业）和第三产业即旅游服务业。

第一节　休闲观光种植业

观光种植业可根据栽培作物类别（如农作物、果树、蔬菜、花卉及其他作物）、栽培技术（如传统大种植业、设施种植业、精准型高新科技种植业等）和作物配置栽培方式（如特色单一型、立体复合型等）进行分类。下面重点介绍按栽培作物类别分类的主要类型。

一、休闲观光农作园

可用于此类园：区种植业的作物大多是当地的主栽作物（如北方的小麦、燕麦、玉米、高粱、大豆、棉花、油菜、甜菜、向日葵等，南方的水稻、番薯、甘蔗、花生、木薯等），以一望无际的大手笔展现最具魅力的物候景象（如开花、结实、收获等），吸引万千异域的游客前来观赏。例如，云南罗平独特的气候，造就了罗平独特的生态农业。每年 2—3 月，连片的 13 333. 33 公顷油菜花在罗平坝子竞相怒放、流金溢彩，绵延数十千米，好似金浪滔滔的海洋。凡驻足这个最大的天然油菜花海，无不感叹罗平是“金玉满堂之乡”。

再如北京市的“玉米迷宫”，就是利用玉米高秆的遮蔽性，在玉米地中留出道路，只有鸟瞰整块玉米地时才能显现出这些通道组合起来是某种图案，而游客身在玉米地，走在通道中，是不知道出口在哪儿的，犹如在迷宫中行进，充满了探险的意味。由此造出适宜人们旅游观光、休闲度假的“迷宫阵”。它利用农业的特性将旅游业以及拓展训练巧妙地进行结合，让人们在享受自然风光、农业风情的同时再添童年乐趣。此外，通过不同时期作物生长过程的变化，以及每年“迷宫阵”设计方案变换花样，可以吸引大量旅游观光和采摘的回头客。

这类观光农作园创造出赏心悦目、回归自然、休闲度假的优美环境，使市民、青少年在观赏游玩中体验农业文明，接受农耕教育。

二、休闲观光果园

观光果园是休闲观光农业产业的主力军。在观光果园中，通常是把具有一定特色，栽培历史悠久，品种、变种丰富的果树分区栽培，建立专类观赏园。本书重点介绍观光林果园、品种展示园、园艺技艺园、观光采摘园、果树盆景园等。

三、观赏蔬菜园

在人们的心目中，蔬菜是指除了粮食以外的可以用做菜肴、烹饪成为食品的其他植物（多属于草本植物）的总称。蔬菜种类繁多，主要有瓜类、绿叶类、茄果类、白菜类、块茎类、真根类、葱蒜类、甘蓝类、豆荚类、多年生菜类、水生菜类、菌类等。近年来出现的观赏蔬菜是利用形状特异、色泽艳丽的品种，以艺术化栽培形式和高科技种植技术，展现蔬菜的观赏功能，造就田园风光的新奇美妙。通常以以下形式出现。

四、观赏花卉园

花卉是人类最早自发观赏的尤物，更是当代休闲观光农业的宠儿。观光花卉可以不同的姿态存在，可以单一品种种植卖座（如玫瑰园、牡丹园、兰圃、樱花园等），也可以奇花荟萃，百花齐放，四季繁花似锦。

五、休闲观光香料饮料种植园

可用于观光种植业的香料饮料种类包括茶、香草类（如薰衣草、迷迭香、罗勒等）、香草兰、咖啡、胡椒等。用于休闲观光农业最广泛的有茶园和香草园。

第二节　休闲观光畜牧养殖业

一、休闲观光牧场

牧场是放养牲畜的草地。观光牧场是利用广袤草原、牧民新村、草原牲畜等旅游资源，通过科学规划，形成以牧业生产为主，农业观光为辅的休闲观光农业景观。

二、休闲观光畜牧养殖场

观光畜牧养殖场主要特点是游客观赏和亲近家禽、家畜等农家动物，可与之嬉戏。此类项目可以培养游客（特别是青少年）的爱心，培养人与自然和谐相处的情操。

三、森林动物园

森林动物园是开展森林游览、动物观赏、文化娱乐、休闲避暑、野营、科普教育等为主要功能的综合型游乐园。其主要特点是，森林与野生动物共同组成了迷人的农业景观，动物以森林为家，森林因动物而添色，森林是基础。野生动物是森林动物园最重要的生态旅游资源。例如，鸟禽（丹顶鹤、天鹅、白鹳、鸳鸯、金雕、海雕、鸵鸟、孔雀等）、猛兽（老虎、狮子、豹、黑熊、狼等）、大型动物（长颈鹿、河马、犀牛、大象等）、珍稀动物（熊猫、金丝猴等）和爬行动物（蛇、蜥蜴、鳄鱼等）等。园区可设鸟语林，观百鸟风姿，听千鸟歌唱，还可以欣赏精彩的鸟艺表演；猛兽驯养区有动物表演，狮、虎、熊等猛兽大显身手，场面壮观，令人大开眼界，叹为观止，如果您有胆量，可以亲自给老虎喂食；动物散养区的野化训练是为了培养猛兽野外的生存能力，营造猛虎捕食幼弱动物的直观场面，还原野性。

第三节 休闲观光林业

一、人工林场（man made forest）

人工林场是人工营造的森林。人工林的经营目的明确，树种选择、空间配置及其他造林技术措施都是按照人们的要求来安排的。主要特点是：①所用的种子、苗木或其他繁殖材料是经过人为选择和培育的，遗传品质和种植品质良好，适应性强；②树木个体一般是同龄的，在林地上分布均匀；③可以用较少的树木个体数量形成森林，群体结构均匀合理；④分布均匀生长整齐的树木个体，能及时地、划一地进入郁闭状态。郁闭后，个体分化程度相对较小，个体和群体的矛盾比较突出；⑤林地从造林之初就处于人为控制下，能适应林木生长的需要。人工林的上述特点，使得人工林有可能比天然更新获得更好的速生丰产优质的效果。为此必须在深入掌握林地环境和林木生长发育等自然规律的基础上，因地制宜地采取正确的造林技术措施。例如，位于台湾中部的东势林场，是一个以造林为主的林场，面积有225公顷。这里环境清新，果木成林，一派山野情趣，原来主要产木材，收入很低。1984年参照日本"休养林"方法改造东势林场，成为以农业形态经营的游乐林场，正式对外开放。从过去单一生产木材的东势林场，变成了台湾中部高度开发的森林休闲游乐区。由于海拔较高，在改建成休闲农场时，引进了近百种四季花卉大面积种植，无论春夏秋冬，不同的鲜花都会在不同的季节争相怒放，各展风姿。林场内种植的杉树、油桐、枫树、樟树等，井然有序，各蕴其趣。当杉木生机盎然的新绿渐渐变深时，油桐雪一般的白花便在盛夏绽开笑意；当秋风黄叶为山林带来几分萧瑟时，枫树便用一片片红色装扮山林的秋季风情。到了落叶飘零的冬季，林场内的梅林笑迎游客，20公顷近3 000株梅树花开满林，芳香扑鼻，沁人心脾。花的世界、林的海洋，使得东势林场名扬全岛。

二、天然林（natural forest）

天然林又称自然林，是自然繁殖形成的森林。其特点是环境适应力强，森林结构分布较稳定，但成长时间较长，它有原始林和次生林之分。原始林是未经开发利用，仍保持自然状态的森林；次生林是经人为采伐和破坏后，天然恢复起来的森林。在我国的东北，有一大部分森林属于次生林。

天然林的生物链条完整独立，物种的分布立体而丰富，有较强的自我恢复的能力，物种的多样化程度极高，对环境及气候起到了巨大的作用。天然林经多代演替形成的顶极群落，则具有较高的经济价值。这样的顶极群落，才称得上为原始林，所以天然林包括了原始林和次生林。现存的世界上最著名的天然林有非洲中部热带雨林、南美洲亚马孙河流域的热带雨林、俄罗斯北部的寒带针叶林等。

我国的塞罕坝国家森林公园是典型的天然林观光景区。塞罕坝国家森林公园位于中国河北省承德市围场满族蒙古族自治县北部，是清朝著名的皇家猎苑——“木兰围场”的一部分。北、西与内蒙古克什克腾旗和多伦县接壤；南、东分别与河北省御道口牧场和围场县的 4 个乡相连。总经营面积 9.4 万公顷，其中落叶松人工林和天然白桦林为主的风景林面积 7.1 万公顷，草原面积 1.5 万公顷，是中国北方最大的国家级森林公园。全园规划 6 大景区 104 个景点，风景独具特色，被赞誉为“河的源头、云的故乡、花的世界、林的海洋、珍禽异兽的天堂”，属国家一级旅游资源。

三、森林公园

森林公园（forest park）是具有一定规模和质量的森林风景资源和环境条件，可以开展森林旅游，并按法定程序申报批准的森林地域。建立森林公园的目的是保护其范围内的一切自然环境和自然资源，并为人们游憩、疗养、避暑、文化娱乐和科学研究提供良好的环境。森林公园内的森林不得进行主伐，但可以进行卫生抚育采伐，以提高其观赏价值。森林公园必须具备以下条件：①具有一定面积和界线的区域范围；②以森林景观为背景或依托，是这一区域的特点；③该区域必须具有旅游开发价值，要有一定数量和质量的自然景观或人文景观，区域内可为人们提供游憩、健身、科学研究和文化教育等活动；④必须经由法定程序申报和批准。凡达不到上述要求的，都不能称为森林公园。

其主要的资源有：①地文资源，包括典型地质构造、标准地层剖面、生物化石点、自然灾变遗迹、名山、火山熔岩景观、蚀余景观、奇特与象形山石、沙（砾石）地、沙（砾石）滩、岛屿、洞穴及其他地文景观；②水文资源，包括风景河段、漂流河段、湖泊、瀑布、温泉、小溪、冰川及其他水文景观；③生物资源，包括各种自然或人工栽植的森林、草原、草甸、古树名木、奇花异草、大众花木等植物景观，以及野生或人工培育的动物及其他生物资源及景观；④人文资源，包括历史古迹、古今建筑、社会风情、地方产品、光辉人物、历史成就及其他人文景观；⑤天象资源，包括雪景、雨景、云海、朝晖、夕阳、佛光、蜃景、极光、雾凇、彩霞及其他天象景观。

我国从1982年建立第一个森林公园——张家界国家森林公园，以它神奇的地貌和优美的环境向世人一展森林公园的风姿，标志着我国森林公园建设作为一项事业已经形成，为中国的生态旅游开创了一个成功的范例。我国的森林公园体系分为3级，即国家级、省级和县级。为加强森林公园建设、管理，国家林业局陆续制定了一系列相应的政策法规，森林公园建设逐渐步入了法制化、科学化、标准化轨道。随着森林公园建设实践的积累，其社会价值、生态价值和经济价值逐渐为社会各界所认识，建立森林公园的热潮在全国蓬勃兴起。

北京百望山森林公园面积200公顷，位于颐和园北3千米处，京密引水渠绕山而过，是距北京城最近的森林公园。百望山是太行山延伸到华北平原最东端的山峰，素有“太行前哨第一峰”的美称。百望山主峰海拔210米，突兀挺拔，登临主峰，极目远眺京华大地，气象万千，是登高游览的好去处。公园内森林茂密，植被覆盖率高达95%以上，空气中含有丰富的负氧离子，素有“北京城市氧源”之称。百望山的红叶更是绚烂多彩，每逢金秋，近66.67公顷红叶林竞相展艳，红得透亮，红得醉人，成为人们赏红叶的绝佳场所。百望山森林公园优美的自然风光与独特的人文景观交相辉映。集教育、体育、艺术、旅游等多种功能于一园，是市民、学生进行爱国主义教育、环保教育、郊野旅游、体育运动的理想场所。

第四节　休闲观光渔业

观光渔业是渔业与旅游业紧密结合的新兴产业，打破了渔业生产的单一性，形成了集养殖、垂钓、餐饮、旅游度假于一体的新型经营形式，有以下 4 种类型。

一、生产经营型

渔场以渔业生产为主，辅以垂钓等休闲项目的生产经营方式。例如，浙江诸暨市白塔湖渔场休闲园是国有养殖企业——白塔湖渔场养殖产业的延伸。渔场共有水面 34 公顷，东距绍兴市区 38 千米、北离杭州 50 千米、西毗南方五金城 5 千米、南临珍珠市场 8 千米，水面连接浦阳江，直通杭州湾，地理优势明显，地域经济发达，交通便捷。白塔湖湖中有田，田中有湖，水面 33.33 公顷，主要是养、繁殖鱼类和珍珠，年产普通鱼类 16 万千克，特种水产 5 000千克。白塔湖水产资源丰富，素有鱼肥、质优、味美之称。白塔湖水面宽阔，风光旖旎，渔场利用养殖区域的苇荡，滩涂建设休闲渔业园，建造 20 公顷休闲垂钓区。白塔湖渔业园充分利用其独特的地理环境和充足的自然资源，打造了一个充满渔业特色的休闲园区。

二、休闲垂钓型

渔场以开展垂钓为主，集游乐、健身、餐饮为一体的休闲渔业。休闲渔场包括休闲养殖渔场和沿岸休闲渔场。休闲养殖渔场在养殖区可开展游泳、水上度假、渔乡生活体验、鱼池垂钓、捉泥鳅、摸蛤蜊、溯溪、野餐、海鲜餐饮、民宿等休闲游憩活动。垂钓是为现代都市垂钓爱好者节假日度假休闲旅游或商贸洽谈提供重要的休闲娱乐活动，是休闲观光农业极具特色的项目；又可以进一步分解为垂钓、渔家餐饮、渔家生活体验、渔村休闲度假等。沿岸休闲渔场可开展岸上及海上的休闲游憩活动，例如，眺望台、奇岩区、露营烤肉、岸钓、亲水活动、定置网、定置渔场、潜水活动、帆船活动、渔村文化活动、渔业文物馆、渔村生活体验、海洋生态环境教育等活动。

三、观光疗养型

观光疗养是指一些环境幽雅的场所结合周围旅游景点，综合开发水资源，“住水边、玩水面、食水鲜”，既具有垂钓、餐饮，又具有观景、休闲、度假、避暑等综合性功能。例如，北京怀柔虹鳟鱼一条沟位于怀柔县雁栖镇的莲花泉虹鳟鱼养殖垂钓一条沟，泉水清澈。雁栖河 20 千米沿岸有百余家集虹鳟鱼观赏、垂钓、烧烤、食宿、娱乐于一体的垂钓园、度假山庄，可同时接待上万人食宿。著名的神堂峪自然风景区就位于虹鳟鱼一条沟内；风景区内有百余家民俗旅游接待户和 30 余家垂钓度假山庄，可同时接待上千人食宿。

四、展示教育型

展示鱼类为主，集科普教育、观赏娱乐于一体的现代化博览馆。例如，锦鲤池和水族馆。锦鲤池建成后水清鱼漂亮，观赏价值很高，人可以亲近鱼儿，甚至人与鱼可以对话。锦鲤池作为旅游观光也是一道亮丽的水体景观，多数农业观光园都设有锦鲤池。水族馆是指用窗或水下通道等各种形式，以展示海洋鱼类为主，集科普教育、观赏娱乐于一体的现代化博物馆。例如，上海长风公园海底世界、浦东海洋水族馆等。游客可以亲近动物，感受动物，体验惊险刺激。

第五节　农家乐

一、农家乐的含义

农家乐是以农民家庭为基本接待单位，以利用自然生态与环境资源、农村活动及农民生活资源，体验生活为特色；以农业、农村、农事为载体，以“吃农家饭，住农家屋，干农家活，享农家乐”为主要内容，旅游经营为目的的休闲观光农业项目。一般是在原有的农田、果园、牧场、养殖场的基础上，将环境略加美化和修饰，以纯朴的农家风光吸引城市居民前来观光游览。农家乐定位于休闲类旅游，无涉水之险，无爬山之累。在林荫庭院中，或依山傍水，或竹林幽幽；或花果飘香，清香幽静，小桥流水，绿野成片；或打牌、下棋，或饮茶畅谈，给人一种心旷神怡、身心舒畅之感，犹如置身世外桃源，让游客真正享受清净与悠闲。此外，农家乐具有很强的参与性，能让每个游客亲自动手，在轻松、愉快的参与过程中获得返璞归真的感受。

二、农家乐的基本特征

游客以中、低收入层次的城市居民为主，农家乐一般费用都比较便宜，旅游消费实惠，颇受都市游客的青睐。

农家乐具有休闲观光农业最基本的乡土气息，游客可以直接贴近大自然，可以直接参加农家所进行的各种农事活动，还可以品尝很少见的农产品，或者品尝自己付出劳动而得到的劳动果实。

观光项目受到农业生产季节性的限制，往往淡季、旺季差别十分明显。通常生产管理季节是观光旅游的淡季，游客寥寥无几，旅游收入很少；收获季节则游客较多，应接不暇。

三、农家乐的发展途径

农家乐是休闲观光农业发展的初级形式，投入少、形式多、易开展，是农民走向致富的有效途径，也是城市居民假日里休闲的好去处。一桌山野农家饭、一张火热农家坑、一幢简朴农家院，奔波许久的城市人，来到乡野农家享受着采菊东篱下的悠然生活。农家乐如雨后春笋般层出不穷，但开发过后如何保持农家乐的生命力，则是在发展过程中需要不断完善与计划的。要积极引导符合条件的农户利用农业与生活资源，大力发展以“吃农家饭、住农家院、摘农家果”为主要内容的农家乐。

（一）“农家乐”要提高服务的水平

1. 提供“家”食宿

食宿要具有家庭的特色经营，服务要带给游客“家”的设施、家的饭菜、家的温馨，游客感觉来到了第二个家，避免城市化、饭店化倾向。在住宿方面要提供土炕、通铺等农家住宿，而减少席梦思等酒店化的设施，被褥保证洁净卫生，整个房间干净、舒适感强，让游客可以得到完全的放松与休息。饮食方面要确保新鲜、天然，现在许多农家乐的肉、菜、蛋、奶多是从农贸市场、批发市场采购的，无形中也增加了经营成本。不如在房前屋后开几片菜畦，或者专门开设几亩菜园，游客自已采摘后农家再加工成农家土菜，要避免开发过于高档的菜品，模仿西餐，保留农家饭菜原始的风味，同时保证用餐、饮水的卫生清洁程度，让游客吃得安心，吃得开心。

2. 发展“农”项目，着力突出一个“农”字

整个行程下来，应确保都是原汁原味的农家特色，这是农家乐得以发展的生命力和精华所在。规划地区的周边环境要有保留农村独有的田园风貌和当地特有的建筑风格，如茅草房、土坯房、牲畜棚、鸡舍等。游乐项目要突出农村日常生活的体验，农作、喂养、手工制作、农村娱乐活动等，让游客通过亲身参与从而收获归田园居的体验。农家乐周边环境要具有自然、清幽、安逸的环境氛围，力求做到周边有山有水、有田有地，减少城市化、远离城市化，努力让城市居民来到这里后，忘却城市的喧嚣、琐碎的工作，全身心地投入在农家乐旅游的魅力中。

3. 带来“乐”享受

城市人整天过着“两点一线”、高负荷、亚健康的生活，毫无新鲜、休闲可言。农家乐就是要满足城市人渴望放松、休养、减压的需要。农家乐要做成一种综合的旅游模式，从游客进了农家院开始，吃的是农家菜、住的是农家院、游的是农家景、行的是农家路、品的是农家情，全方位地感受农家的衣食住行。清晨启程远离城市的喧嚣，在小院吃过农家大嫂做的柴锅饭后，亦或来到田间地头，掰玉米、采桑葚、捡拾山上的柴鸡蛋；亦或来到鱼塘旁边，架一支渔竿，享受静谧的时光；亦或行走于乡间小道，陪孩童玩耍，听老人讲述祖辈流传的神话……夜晚听蛙鸣虫叫，仰望星空；湖上渔舟唱晚，对酒当歌；哼一支小曲，打几圈小牌。无丝竹之乱耳，无案牍之劳形矣。

满足游客需要的同时，要结合当地的地域特色，设置一些游客乐于参与、愿意消费的娱乐项目，不能仅仅局限在棋牌娱乐、露天 KTV、篝火烤羊等这些千篇一律、毫无新意的项目

上。要设置一些让游客可以自身参与的游乐设目，如下地耕作、果蔬采摘、牲畜喂养、农家手工制作等，从而提升农家乐的附加利润；设置一些知识普及的小展览，如乡村文化习俗介绍、当地节庆展览，有些历史悠久的村落还可以介绍一下历史典故等，从而提高农家乐文化底蕴和吸引力；同时可设置适合儿童嬉戏、青年人冒险、老人静养的项目，满足不同层次游客的需求。

乐，不仅仅是娱乐项目的满足，还要有一种乐的氛围。例如，可以进行乡村的文化表演，唱一唱乡间小曲、扭一扭秧歌跑旱船、演一演当地的奇闻趣事、要一要民间的独门把戏，让游客也加入其中，随着锣鼓唢呐声声，释放心中的压力，开怀大笑。淳朴的民风、欢乐的歌舞，一阵嬉闹过后，享受一番悠然自得的惬意。

（二）“农家乐”要提升管理的规范

农家乐多以农户自主经营为主，自行宣传，自我管理，缺乏统一的管理与规划。同时农家乐自主经营，难以形成规模，获得长远的发展。如何充分调动农民参与的积极性，形成以村庄、乡镇为单位，集体经营管理的农家乐产业，是农家乐得以可持续发展的有效方法。

1. 权责的分散性

所谓分权，就是现代企业组织为发挥低层组织的主动性和创造性，而把生产管理决策权分给下属组织，最高领导层只集中少数关系全局利益和重大问题的决策权。农家乐是农民自家为经营主体，发展初期村委会、开发商和投资商的集中领导权是不可代替的。随着产业规模的不断壮大，组织的层次和部门会因管理幅度的限制而不断增加，从而造成信息延误和失真，因此建立领导体制的同时，需要将各个项目、各个模块、各个系统进行权责划分、管理分工，从旅游项目开发、广告宣传、资金流向、人员管理、食品卫生、客房服务、产品销售等多方面设立管理部门，达到加快决策，减少失误效果，但是分权不可失去有效的控制。高层管理者在将决策权下授时，必须同时保持对下属的工作和绩效的控制，开展定期的绩效考核，上交工作报告，部门干部竞争上岗等政策，保证工作高效率开展的同时，激发员工的工作积极性。

2. 管理的统一性

统一性即要把一个村落内的所有农家户作为有机的整体，统一编制、统一培训、统一标准、统一奖惩、统一发展，即“五个统一”。统一编制就是要把每户进行农家乐经营的家庭在编入册，挂牌编号，统一听从村委的安排与管理，形成一种集体管理、个体营业的形式。统一培训就是在村民营业前、上岗前以及经营期间，都要组织相关的培训（如服务培训、营销培训、科普培训等），提高农民的自身素质，从而带动农家乐的发展。统一标准就是整个村落进行一个系统的规划，从客房质量到人员着装，从项目开发到发展风格进行统一设置，从而代表了地方的特色。统一奖惩就是要设立一系列的经营制度、卫生制度、服务制度、收费制度等，户与户之间在经营过程中进行评比，村委作为领导机构同时接受游客的投诉与肯定，对每个农家户进行星级评比，示范挂牌。统一发展即要在一个领导组织的带领下，共同增收，共同进步。

3. 实施的规范性

农村亲缘关系较重，是管理中的一个弊端。在工作分配时，应避免裙带关系，干部选举的时候应轮流任职，避免长时间连任或者家族连任。一来可以减少思维定势导致局限发展，二来可以减少家族垄断，和谐发展。此外，一般村中较年长的村民说话比较有分量，而发展农家乐正是需要新思维，年轻人有更多的新奇想法，办事更有魄力，在选贤任能的时候应避免一些守旧的制度，导致有才华的人不能发挥能力。

（三）“农家乐”要树立品牌意识

1. 创品牌

品牌是品牌经营者和消费者互相之间心灵的烙印。品牌的打造有助于农家乐拓宽市场知名度，形成经营集团，从而增加农民收入。农家乐要打造品牌，根据当地的特点与主题、进行市场宣传；通过开展专业的市场销售和互联网宣传，打响知名度，拓宽销售渠道；提供高品质的旅游设施标和星际服务，提高景区接待水平，进行星级划分，挂牌公示，农家乐个体间相互形成竞争，使得名品牌与高品质的农家乐形成产业逐渐深入人心。要注重发展农业创意产业与发展农家乐旅游业密切结合，以农家乐的发展带动创意农业发展，以创意农业促进农家乐的发展。

发展农家乐要以独特创意造就品牌为目标，扬长避短，表现和突出自己的特色。创意是抢占市场的有力法宝，是产业维持长久生命力的有效支撑。创意是可以借鉴的，但是要避免照搬或者模仿，否则只能阻碍发展的脚步。只有在农家乐的开发中突出当地的创意特色，才能获得长远的发展和高额的利润。如取一个响亮上口的名字，设计一幅个性的商标，开发一系列特有的纪念品，从而丰富品牌文化内涵。

2. 拓市场

要做到全方位多角度的拓宽市场，首先就是要加大宣传，利用互联网的便利性，建立官方网站、注册品牌官方微博、组织团购旅游、在知名网站发布专访文章、通过电子邮箱发送广告邮件、邀请点评网站会员免费体验等，在互联网上先打响声势。其次可以与电视台、报社、企业等进行合作，举办一些实地的活动、录制节目，例如，北京电视台的“四海漫游”这类介绍旅游景点栏目，可以用动态的方式为农家乐进行宣传。

家庭郊游在选择观光旅游目的地时，喜欢有一定名气的地方，不太选择那些不方便散客旅游的地方。特色休闲观光农业对家庭休闲度假有很强的吸引力，为让孩子开阔眼界，增长知识，喜欢选择文化底蕴厚重、生活体验性强的休闲观光农业旅游。家庭外出旅游时，不喜欢走马观花，行程匆匆。不喜欢参与大型旅游团，有时是几个熟悉的家庭合组一个团，有经验的旅游者多采用自助旅游。如何同时满足各个阶层的需要，让儿童得到寓教于乐，青年人得到活力的释放，家庭得到情感的促进，老年人得到健康的修养，是农家乐拓宽市场的有效途径，扩大旅游市场和农产品销售市场，同时还可以带动相关产业的发展，扩大劳动就业，增加经济收入，发展高效农业。

3. 搞产业

未来的休闲观光农业将是一种依托农业的“寄生”产业，因此，不是毁“农”造景，而是以“农”为景；不是抛弃了农业原有的“生产价值”，追求生态、社会和文化价值，而是在农业原有的“生产价值”基础上，再增加生态、社会和文化价值。为此，这一产业将包括：以农户为主的农家乐，主要以农户为经营单位组织旅游，游客可以在农产家中“做客”，也可以来农户家“度假”，体验乡土民俗。以农业生产过程和产业化项目为对象的农事旅游，以农业产供销全过程为休闲观光农业的对象，根据游客的需要可以是参观型的，也可以是操作型的。加强种养加、产供销、贸工农一体化生产，增强农工商的紧密结合，所提供的吃喝玩乐的材料，均来自当地的自产自销，天然、绿色，减少了流通环节价格实在，也带有浓浓的乡土特色。科学合理地进行资源的优势互补，实现一个全方位、权责一致、上下贯通的管理和服务体系，学习企业的管理方法，形成系统的管理体系。真正实现工农良性互动，城乡共同发展，从而使农村成为中国现代化的稳定器和蓄水池。

（四）“农家乐”要突出地方的特色

1. 乡土的味道与体验

位于乡村或城郊地区，乡土特征鲜明，这是“农家乐”旅游最为显著的特点。无论是作为旅游吸引物，还是农家乐旅游的载体，村社组织、乡村生活和田园风光在农家乐旅游中都具有举足轻重的意义。“农家乐”不同于文化古迹和风景名胜点，农家乐是将农村风貌与乡土文化融为一体，展示的是现代农家特有的风貌，而非人工刻意雕琢的景观。

农家乐提供的产品还属于简单的大众化产品，大多数农家乐都提供农产品采摘和品尝、农产品购买、农家食宿以及一些基础的公共服务，有特色的项目不多。农业博物馆、农业节事、民俗表演、手工艺品等还提供的较少。休闲观光农业应强调其体验性和参与性，但现状是参与性活动较为单一，大部分旅游点提供的主要就是农产品采摘和一些普通的体验项目。骑马、动物喂养、植物栽花等参与性强的项目还不够普及。

农家乐要想搞好，首先要将乡村和城市区分开来，要搞清楚城市人来到农家乐想体验什么，接触什么，获得什么。有些农家乐单纯地提供农家饭菜和农家住宿，其他的娱乐活动就是卡拉 OK、棋牌室等一些在城市随处可见的活动，仅仅凭借菜品和住宿出租这两项很难获得发展。乡土味道与体验要从“衣食住行”各个方面来营造，包括乡村的景观设计、设施、建筑、装饰、服装、歌舞、游艺、饮食、住宿、风土人情等，让城市人来到农家乐有归田园居的感觉。

2. 优质的产品与服务

城里人来到农家乐，总喜欢买一些山土特产、农家自制农产品、民间手工艺品以及农家特有的生产生活用品。对于食品类的商品，要保证卫生、安全。注意食品的保质期和新鲜程度，经常检查有无变质、破损等情况；对于日常用品和手工艺品，要确保产品的工艺和品质，避免现代化的流水线生产，要保持原汁原味的乡土特点。

拥有优质的产品，还要有优质的服务作为依托。好的服务是吸引回头客，获得好口碑的有效手段之一。首先，农家乐的服务人员要学会掌握基本的礼仪，从迎客、招待、送客、交谈、举止等方面，既要大方得体，又要服务到位。对顾客不能冷淡，也不能过分亲密，容易使客人心生厌烦；尊重客人的宗教和民族习惯，以及客人的饮食习惯和特殊情况。服务尽可能的周全，如准备几把雨伞，以防突然下雨客人没带伞；建立个小小医务室，应对游玩中遇到类似腹泻、磕伤、感冒之类的小毛病；开设一些针对特殊人群的服务，如老年人、儿童，过生日的游客给予当地的庆祝方式等。让游客玩得开心、玩得舒心。

3. 独特的设施与餐饮

不同类型的农家乐可以采用不同类型的建筑和装修，根据展开的活动和服务增加相应的设施，但总体来说要保持乡土特色，要注意建筑布局的科学合理，建筑风格、活动区域以及建筑外观等等都应该与乡村环境相协调。首先就是要与自然环境相协调，采用乡村最原始的材料，如秸秆、树桩、石头等。建筑环境等一切取法自然，力求与自然融合协调的和谐意识，避免出现城市中的建筑设施的痕迹，如塑料桌椅、时尚家具、不锈钢餐具等。尽量选取环保、可再生、可回收的材料，在未来的经营中打出生态牌也是一种优势特色。农家乐可以借鉴以前老房子的建筑方式，其成本很低，使用人工、耗能很少，建筑材料的取得与加工很方便，如木头、砖块、稻草、麦秸秆、芦苇等。

农家乐、民俗游的餐饮方式，目前多以经营当地的农家菜为主，如贴饼子、熬小鱼儿、山野菜等，特点是味儿浓、清爽、下饭，算是真正的健康饮食了。具有地方特色的餐饮，以及与之相应的烹饪文化，这些也都是发展休闲观光农业极为宝贵的资源。

第六节　市民农园

一、市民农园的含义

市民农园是由农民提供土地，让市民参与耕作的园地。一般是将位于都市或近郊的农地集中规划为若干小区，分别出租给城市居民，用以种植花草、蔬菜、果树或经营家庭农艺，其主要目的是让市民体验农业生产过程，享受耕作乐趣。农产品可自己享用，但不以盈利为目的。市民农园以休闲体验为主，多数租用者只能利用节假日到农园作业，平时交由农地提供者代管。德国是世界上较早发展市民农园的国家，在 19 世纪初期就出现了市民农园的雏形，确立了市民农园现在的模式。

市民农园中的农地多由各种类型观光农园提供，农地平时由农园中的专业人员代为管理，租用者在空闲时间才来管理。观光农园对租种农地者一般会在一定的时间段内免除门票，这也在一定程度上增加了观光农园的收入和游客量。市民农园依照使用对象的不同，又可分为家庭农园、儿童农园、银发族农园、残疾人农园（例如盲人农园等）。尽管有此分类，但市民农园一般都包含在其他观光农园类型中，较少独立存在。例如，在广东番禺的祈福农庄、深圳的青青世界及荔枝世界观光园等观光农园中都设有市民农园。

二、市民农园的基本特征

以“认种”方式让城市居民委托农民代种或亲自种植花草、蔬菜、果树或经营家庭农艺，使消费者共同参与农业投资、生产、管理和营销等各环节。

对土地进行小面积的租赁，租期也比较短。

投资不大，接待成本低，游客的花费亦较少。

三、发展途径

（一）以丰富市民生活为目的

市民农园一般都比较注重参与性。在农园里，市民通过参加各种田间劳动，不仅可以亲自体验农耕文化，享受到劳动所带来的乐趣，而且可以从中学习农作技术，了解植物生长习性，从而达到接受自然、修身养性的目的。随着城市现代化进程的加快，紧张而繁忙的都市生活给市民带来了沉重的精神压力，走出高楼林立的都市，走进风景宜人的大自然，已成为现代生活的一种风尚。都市农业不仅可以为市民提供观光旅游场所，以减轻工作及生活上的压力，达到舒畅身心、强健体魄的目的，而且还能够让市民体验躬耕于田间、采摘于果园的乡土气息，感受浓厚的乡土文化。

（二）以促进农民增收为根本

市民农园的目的是为了服务市民，满足市民体验农业生产过程，享受耕作乐趣，得到身心的放松，根本目的还是促进农民的增收，带动农民致富。市民农园减少农产品运销环节，增加了农民收益。发展市民农园，把农产品直接销售给城镇居民，解决了部分农产品运销层次多的问题，避免运销的中间环节，这无形中增加了农家收益，同时农民也可从提供休闲服务中获取合理的报酬，增加收入。而且城市居民也对自己买的农产品放心，从而达到了城乡双赢。这样促进了农村社会的发展，缩小了城乡差别，增加了农村农民与城市居民之间的交流与沟通。同时，促进了农村经济发展和农村面貌的改善，提高了农民的素质和生活品质，缩小了城乡差别，促进了农村社会进步和城市乡村的共同繁荣与发展。

（三）加强宣传，转变观念

要做好示范宣传和普及引导，使城市的各级领导和城市居民能形成共识，建立起市民农园的理念。要把市民农园作为改善农民生活水平的重要手段和实现城市可持续发展的有效途径。

（四）建立市民农园的服务体系

主要包括信息服务体系和市场服务体系。通过建立和完善市民农园服务体系，为都市农业发展提供相关的经营决策信息、农业技术信息和市场变化信息，从而优化资源组合和重新配置，保证农民可以与想和他们组成互助组的城镇居民交流。通过建立市场服务体系，构建起符合市民农园特点的多层次市场和流通体系，使市民农园能以较低的交易成本，在市场竞争中占据优势地位。

第七节　观光采摘园

一、观光采摘园的含义

观光采摘园是以果树资源为基础，以提高经济效益为目的，拓展农业多功能性，将果树产业与景观、文化、科技等要素结合，提供特色的农业服务，满足消费市场多样化需求的现代农业产业形态。观光果园要以果树资源为基础，突出农业特性；与休闲观光相结合，强调一产与三产融合；结合一定的主题景观，与文化相结合；强调农业多功能性，强调社会、经济、生态、文化的可持续发展。

随着城市居民消费水平的提升和农民经营管理水平的提高，现代观光果园不仅能促进农业生产功能的开发，而且能够深入开发农业的生活与生态功能，做到有光可观、有景可赏、有知可学、有技可习、有典可寻、有物可采、有鲜可尝、有食可享、有房可住。

二、观光采摘园的基本特征

一般观光采摘园距离城市较近，交通便捷，位于城市近郊或风景点附近，乘公交车可以方便到达；规模不求大，但要求集中连片，可新建也可利用原有的种植地改造而成；具备旅游景区的基础条件（路网通畅）和基本旅游设施（如停车场、观景平台、凉亭、座椅等）；物产丰富，四季皆有收获。依据观光采摘季节不同，观光采摘园通常配置丰富多样的作物品种（如水果、蔬菜、瓜果、茶叶、花卉、五谷杂粮等），供游人采摘购买。

采摘园园区的名称应突出主题特色，包括观光采摘果园、观光采摘菜园、观光采摘竹园、观光采摘茶园、观光采摘草莓园、蘑菇采摘园等。与普通农田、果园、菜园等相比，观光采摘园出售优质无公害并可亲自收获的农产品，有良好的基础条件和新颖的旅游设施。观光采摘的范畴可以引申扩大到观光渔业和观光畜牧业。

采摘园中的基础设施（如道路等）和栽培管理技术（如

果树矮化、果园清洁、无公害、病虫防治技术等），都应保证游客参与农事活动时安全、便捷等。观光采摘园除了让游客自助采摘果实外，各个农耕季节、四季变换的农业景象，都是观光的好去处。

三、观光采摘园的发展思路

（一）特色采摘、特色景观

只有发展特色采摘，才能吸引大批游客涌入果香四溢的果园。观光果园建设强调的是“人无我有，人有我优，人优我特”，目前成功的例子，都是在特色和满足市场需求上下功夫，不断推出特色产品、新奇产品。如北京市在平谷区采摘不同品种的鲜桃，在大兴区采摘各种类型的西瓜，在昌平区采摘有品牌的苹果……北京市果品主题公园、昌平的苹果主题公园，游客在那里可了解到800多个品种苹果的常识。

特色景观也是观光采摘园一个发展看点。以园林生态化建设为指导，将园林植物与果树及整个乡间环境景观相融合，形成一个尽显自然风情、园内设施完善、景区多功能的游赏空间。借助园林植物形态各异、颜色多样的特点，利用展叶开花的不同时期，将果树和园林植物组成春华秋实、绚丽多彩的画面。如在昌平旅游观光采摘苹果园规划中，植物配置以蔷薇科植物为主，春天观花，秋天观果。果园中的园林小品用园林植物为背景或以精心设计的植物配置供托主景，力求用赏心悦目的视觉效果来表现园林意境、抒发情怀。因此，从景观特征来看，果园及其周边的环境品质提升的同时，形成了粗放、宽广的以大自然环境为主体的景观，满足了人们娱乐、休闲的需求。

（二）新品种种植

采摘园单一的果品生产已经不能满足需求，要种植品种新、造型奇、产品特、色彩艳的树种，精心规划、合理布局，多树种搭配，延长可观赏期，保证淡季不淡，展示最具有区域特色的果品、果业技术，突出鲜艳化、小型化、及时化和差异化，满足游客求新、求奇、求特的心理需求。

1. 造型奇

要开发一些造型奇特的果品，如印字的、异形的、供观赏的等。以北京市平谷区为例，为开发文化桃，平谷致力于高档礼品桃的生产，让阳光在鲜桃上写字绘画。桃农在大桃上套上不同类型图案的贴膜，通过阳光照射，让贴膜的图案显现在鲜桃上。太阳成为画师，在鲜桃上写字作画。目前，平谷桃农已经成功开发出“生日”“贺寿”“喜庆”“寿星”“十二生肖”等晒字桃、异形桃系列产品，鲜桃图案丰富，寓意吉祥。短短十多天的桃着色期，成了平谷桃农开发桃文化含量的黄金期。

2. 品种新

要通过引进新推广的、优质的品种，来替代过去品质较低、产量不高的传统品种，从而提高果品的科技含量。例如，葡萄采摘果园可引进维多利亚、美国黑提、无核红宝石等葡萄新品种，这样可以从 7 月就开始成熟接客，有效延长了采摘期，从而达到游客络绎不绝的效果，实现果品高价值。

3. 色彩艳

要利用各种果实、花卉、树木等，选取最艳丽的品种，将各异的色彩进行组合，提高园区的观赏价值；将同一个种类不同颜色的果实进行分区种植，提高游客选择的余地。

4. 产品特

要体现出采摘园的特色，创造自有的特色产品、特色品牌、特色文化，吸引游客前来消费。例如，北京昌平的草莓、门头沟樱桃谷的樱桃、平谷的大桃，都是当地最优质、最能吸引游客的特色果品。

（三）加大品牌宣传

品牌是任何产品与服务的生命力，凡是知名的企业和产品，无不与自身的品牌建设息息相关，通过网络、报纸、电视等媒体，以及人们的口碑，推广企业的知名度。任何企业与产品做到极致，必是向品牌化发展。采摘园果农可以通过各种形式宣传介绍，从而吸引很多人来品尝果品、取经和游玩，随着名气越响，生意会越作越火。

（四）采摘文化

各地方找准果品文化特色，结合中秋节、国庆等节庆卖点，把采摘和旅游观光、文化活动结合起来，办起丰富多彩的采摘节。江西婺源和广西罗平的油菜花节、北京大兴的西瓜节、浙江余姚的杨梅节和张家界的荷花节等，都是知名的采摘节。素有“北京吐鲁番”之称的北京市大兴区采育镇，有0.13万公顷葡萄园、100多个葡萄品种，年产葡萄2 100多万千克。为吸引游客到采摘与采摘，他们自2001年开始举办葡萄文化节，至今已举办13届。

举办采摘文化艺术节首先应该明确定位，集中体现文化节的主题和亮点，整合社会资源，进行合理的建设规划，增强文化节的辐射力和影响力。应该在文化内容上进行延伸，打造亮点，增加文化深度，向游客普及科普文化，让游客体验农事活动，在游玩的同时学到一些知识。以桃花节为例，从民俗文化的角度看，举办方首先要明确桃的来源、原产地，与桃有关的历史名人和典故，只有搞清桃的文化渊源，才能明确自己独具特色的主题。

第八节　教育农园

教育农园是兼顾生产、科技示范与科普教育功能的农业经营模式。农学是一个综合大学科，专业门类繁多，内容十分丰富。农业科普教育，不但对农业工作者有作用，对中小学生作为生物课教学、科学课教学的实习课，也有十分重要的意义。教育农园常在农业科研基地的基础上建设，利用科研设施作为景点，投资不大。如著名的杨凌农科城，这里曾经是我国古农业的发祥地，现在成了集农业生产、科技示范、科研教育为一体的新型科教农园。这里有国家唯一的农业示范区、亚洲最大的昆虫博物馆、世界第二大降雨厅——人工降雨模拟国家实验室、世界领先技术的克隆羊基地、世界最优羊种波尔羊场、亚洲有名的划艇赛地水上运动中心、现代农业产业化新途径的工厂化高效农业设施和特种动物养殖场等，吸引了不少游客和一些学校在此开展课外活动、教授农业课程等，已成为全国有名的“青少年农业科技活动教育基地”和绿色教育园区，充分再现了昔日神农后稷“树艺五谷，教民稼穑”的辉煌。它在突出农业高新特色，挖掘示范观光资源方面取得了可喜成果。

一、了解农业教学的内容

1. 自然资源

气象、植物生态、动物生态、水文资料。

2. 景观资源

地形地质、乡村传统建筑、设施。

3. 产业资源

各种产业农产品、种植养殖加工处理。

4. 人的资源

农渔村地方上的历史人物、特殊技艺、聚会活动。

5. 文化资源

传统建筑、雕刻艺术、手工艺品、民俗活动、文化设施。

二、确立新颖的主题

教育农园的主题就如同产品和制造流程一样，需要企业精心的设计，亦是未来商务的重心所在。

1. 为体验设计主题

精心设计的主题，是踏向体验之路的第一步，也是最为关键的一步。构思拙劣的主题，无法让消费者留下深刻的印象，记忆也就不会持久，对于前期的营销和吸引回头客是一个障碍。因此，为体验设定主题，这意味着要编写一个引人入胜的故事为主题，方方面面都要照顾到、设想到，以提升消费者的参与度。

2. 塑造整体印象

以主题作为基础后，体验需要的是留下不可磨灭的印象，这一系列的印象组合起来，才能影响顾客的评价并实现主题。整个的设计主题要简单明了、风格一致，同时设想游客与农场进行互动时可能产生的印象和感觉，努力让游客产生惊艳的感觉，并应避免任何混乱或不愉快的环境。

3. 消除负面线索

为了塑造整体印象，农场应去除任何可能与主题相悖或干扰的因素。即使看起来微不足道的环节，或是过度的服务，也可能破坏整体主题营造。因此，除了要大量展示正面线索外，也要尽力消除会带给人粗陋印象的负面线索，服务人员所扮演的角色十分重要。

4. 融入纪念品

消费者常以纪念品作为某种意义的留念，或是借纪念品与他人分享农场的主题体验，因此，纪念品的价值并不是依据成本，而是依据纪念意义。休闲农场除了销售或赠送带有农场品牌的纪念品外，也可以让游客动手创作纪念品，甚至设计前所未有的新型纪念品。

5. 结合五种感官

越能有效刺激感官、创造更多感觉，体验就越值得人们去记忆和回味，而不易被遗忘，因此，休闲农场可以针对农场特色，分析适合采用的感官刺激，为游客塑造更深刻印象。

三、锁定青少年消费群体

现代城市青少年由于生活和居住环境比较优越，学习比较紧张，没有机会接触农业，学校也没有农业实验基地，教育农业园就应具备为中小学生提供实践、学习农业知识的条件，在项目设置、文章解说方面要由浅入深、直观易懂、形象生动，趣味性、知识性强，使观光园成为中小学生学习农业、体验农业的绿色教育基地。

如上海“蔬菜公园”，选址在上海南郊奉贤区“五四”农场之内，占地50公顷左右。公园内有成片的温室系统，既种植常见的蔬菜品种，又种植不常见的奇菜异果，还设立一个蔬菜博物馆。公园主要为中小学生服务，让他们了解更多的自然知识。“番茄、黄瓜是怎么结果的，青菜、白菜是怎么长成的，花生、土豆是长在哪里的”，所有这些都会在公园里找到答案。

第九节　生态农业园

一、生态农业园的含义

生态农业园主要是指以在园区内建立“农、林、牧、副、渔”综合利用的生态模式，形成林果粮间作、农林牧结合、桑基鱼塘等农业生态景观为主的休闲观光农业类型。这种休闲观光农业类型既可为游客提供观光、休闲的良好环境，又为游客提供多种参与农业生产的机会，强调农业生产过程的生态性、艺术性和趣味性，具有良好的生态效益和社会效益。但生态农业园一般占地面积较大，通常应与其他休闲观光农业类型相结合，才能发挥其良好的经济效益。

生态农业园区的主要服务对象为具有较高科学文化知识、较强生态环保意识的居民和学生。园区的主要构成元素是以生态农业模式、生态农业知识宣讲载体、生态农业观赏地、生态农业休养地为主。

二、生态农业园的基本特征

（一）保护环境，持续发展

观光农业的建设严格按照生态农业和有机农业的要求进行生产，只允许在有害物质残留规定标准范围内适量使用化肥、农药，其产品为无公害的、安全的、营养的绿色保健食品，大大减少了对环境的污染，生态环境优美，生物多样性在这里得到充分体现，植被覆盖率也大大高于一般农区。

（二）功能齐全，双重效益

生态农业旅游为旅游者提供了一定的乡村空间，旅游者在景区内观光、休闲、参与娱乐、品尝美食，甚至亲自劳作，既增长知识，又亲近自然、陶冶情操。园内还可以举办节日庆典活动，加强游客之间感情交流，传播信息，增进友谊，缩小差距。企业和农民则通过销售产品，提供食宿服务和劳务，以增加收入。

（三）科技特色，高效农业

生态农业旅游具有高科技特色，用先进农业技术进行开发，由掌握先进技术的人来管理，形成具有相当规模、各具特色的农业整体，成为具有较高的先进农业技术支持和科学管理手段的新型农业。

（四）回归自然，身心享受

生态农业旅游满足了城乡居民渴望亲近自然、回归自然的要求，它用生态学、美学和经济学理论来指导农业生产，通过合理规划布局，自然调节和人工调节相协调，使农业生态系统进入良性循环，具有生产、加工、销售、疗养、旅游、娱乐等综合功能。

三、生态农业园的发展途径

（一）创新休闲观光农业企业经营管理

首先，建设方便游客获取信息的休闲观光农业网站。网站主要服务内容有新闻发布、景点介绍、游区地图、旅游线路推荐、住宿餐饮服务、留言系统，乃至网上定房、定门票服务。其次，重视分工协作，强调地区联合。最后，产品经营多样化，有形产品与无形服务相结合。休闲观光农业能够提供的产品，除了实物产品外，还有环境、氛围、风景和主题等“情境消费”产品，这是休闲观光农业吸引众多城市游客眼球的独特魅力之在。

（二）推行社区经营的理念

不再过分强调休闲观光农业“园区”是一个专业生产的且属于工业特质的“厂区”概念，反而赋予它具有地方意义的“社区”理念。必须结合“社区”这个概念的战略联盟，以促进传统农业朝向精致农业延伸转型。必须按策略联盟方式结合的“社区”理念来推动全面整合农场、农园、农家乐或所有景点，使其点线相连，扩大成面，最终以策略联盟方式构成带状的新型农业园区，并强化农户的参与性。

（三）规划布局合理的产业发展

休闲观光农业是综合利用当地资源，由农业延伸至服务业的新产业。必须勇于打破传统农业的束缚，基于资源、位置和市场条件，因地制宜，实施休闲观光农业布局合理，综合利用当地的自然资源和独特的文化和历史资源以及农业生产、农村景观，并整合观光、餐饮、住宿等综合性的服务，为城市消费者提供休闲服务。发展生态旅游，筹建步道，与民宿、休闲农园结合，进一步推进农业转型。

（四）加强农业园区建设规划的检查评证

各级政府应负责推动农业园区和乡村旅游景点的检查评证，主要内容有核心特色、园区规划、创意运用、解说与行销、组织与人力管理、环境与景观管理、社区参与、休闲资源八项，优良者颁发认证标志。

第十节　高科技示范园区

一、高科技示范园区的含义

高科技农业示范园区又称农业科技园，是指在一定的地域范围内，以当地的自然资源、社会资源为基础，以农业生产、科技教育、技术推广等单位为依托，充分发挥农业科技进步优势，广泛应用国内外先进实用的高新技术，综合开发利用自然资源和社会资源，合理地配置各种生产要素，由农业研究部门和各级行政管理部门共同筹建的，以高新技术的集约化投入和有效转化为特征，以企业化管理为手段，集农业生产、农业科技研究、示范、推广等活动为一体的农业新类型，具有科学实验、产业孵化、推广示范、普及教育等功能。

高科技农业示范园是随着现代农业时代的到来而悄然兴起的。国外的农业科技园区主要有“示范农场”和“假日农场”。我国的高科技农业示范园从1993年开始出现，2001年国家农业科技园区的建立，标志着我国高科技农业示范园走上了规范发展的道路。高科技示范园是农业旅游与科技旅游相结合的产物，它将农业与多种先进技术（生物技术、基因工程、电子智能化技术）紧密结合，在科技引领生产的同时，向游人展示现代科技的无穷魅力，为大面积生产推广做样板示范。

二、高科技农业示范园的基本特征

园区内高新技术和人才高度密集。产出的是技术高、新、精、尖和高附加值的农业产品或技术。园区内的行政、企业管理及经济运作方式有别一般开发区，更为自主灵活，具备良好的产业孵化功能。示范园区环境优美，田园风光和城市景观协调融合，科技示范设施先进，科研试验条件优越，生活和休憩服务设施完善。

三、高科技示范园区发展思路

（一）突出市场定位，明确园区发展方向

以科技园区为主题的农业旅游最大优势就是科技含量高，

在科技展示方面的亮点是比较容易挖掘并且具有推广价值。但作为旅游开发，我们面对的游客层面很广，游客的需求是多样的、复杂的、多层次的，单一的农业科技素材不足以满足不同客户群体的旅游需求。因此，面向不同的客户，园区要有不同的内容和元素。园区是以科普、休闲度假为主，还是以主题观光为主；是以学生为主要对象，还是以普通市民为主要对象；是针对白领的高档消费，还是针对机关团体的集体消费等，这些问题应在建设初期就确定下来。因为无论哪个园区，都不可能囊括所有内容，完全满足各种类型客户的要求。如果面面俱到，一来投资过大、造成资源浪费，二来会令园区失去自己的特色，主题不突出，不利于园区的宣传推广和品牌树立。所以，如何充分利用自身优势进行市场定位，对科技园区型的农业旅游开发从建设规划到宣传推广策划，都有着至关重要的指导作用。准确的定位，可以使投资更合理，做到“好钢用在刀刃上”，使资源应用更有效，宣传推广也更容易“一矢中的”，使园区在市场上迅速树立起形象。

（二）高新技术融入，提高园区附加价值

休闲观光农业旅游，从消费者来讲，不但需要获得身体的放松和休闲，而且需要在游玩中学到一定的农业科技知识，开拓视野，增长知识。从经营者来讲，现代科技是休闲观光农业的有力支撑，也是农业新品种、新技术、新成果的展示平台。

高新技术的融入，不仅在产品增产的同时提高了品质，也使游客在观光游玩的过程中拓宽了眼界，增加了游玩兴趣，带动了园区的客流量。当今是知识经济的时代，高科技化和信息化扑面而来，传统农业逐渐向知识化农业时代迈进。同时，旅游业自身也从人文自然景观型旅游、人造景观型旅游转变为科技参与型旅游。我国休闲观光农业的发展将更加重视运用现代科技手段，提高其科技内涵，创造千姿百态的休闲观光农业产品，营造千奇百怪的农业自然景观，使游客能从中领略现代农业的气息。如在农业劳作与工艺操作上使用最新的科学技术，在农作物及生物品种的选育上培养出最优良的新品种，在管理、加工、保鲜上采用最现代化的工艺水平。

目前，我国农业科技园区的旅游形式仍以农业观光为主，欠缺具有很高科技含量的信息农业、工厂化农业、节水农业、太空农业，基因工程、细胞工程、微生物工程、酶工程、动植物克隆、组织培养、无土栽培、生物降解技术、克隆动物、彩色棉花、自动温室、人工气候箱、农业时光隧道等，农业高新科技的内涵还没能得到充分展示。

（三）提高园区水平，发挥示范辐射功能

休闲观光农业，尤其是科技园区型农业作为一种特殊形态的新兴产业，大都处在物质资源丰富、城市人口资源众多、国际国内交往频繁、辐射功能强的大城市周边。科技园区型农业凭借经济实力、科技基础和人才优势，在农业设施装备、农业高科技开发应用、农业生产力水平等方面，将率先接近或达到国际先进水平，为推进全国实现农业现代化提供经验，起到示范辐射作用。

在此基础上，发展观光农业有利于缩小城乡差别，促进农村经济社会的协调发展，推进新农村建设，增加农民与城市居民之间交流与沟通，提高农民的素质和生活品质，为促进农村社会的进步和城乡的共同繁荣与发展起到引领作用。

第十一节　度假休闲农庄

一、度假休闲农庄的含义

度假休闲农庄是一种综合性的休闲观光农业园区，是伴随着近年来城市化程度提高而出现的集科技示范、观光采摘、休闲度假于一体的、农庄式的综合农业园区。游客在园区内不仅可以观光、采果、体验农作，了解农民生活，享受乡土情趣，而且可以住宿、游乐、度假等。农庄内提供的休闲活动包括田园景观观赏、农业体验、童玩活动、垂钓、野味品尝等。台湾宜兰县香格里拉休闲农场、台湾青境卢森堡休闲农庄、福建招宝“刘老根休闲农庄”、海南亿特山庄等，都是此类型休闲观光农业的代表。

休闲农庄最早起始于欧洲，至今已有一百多年的历史。早在 1855 年，法国巴黎市的贵族就组织到郊区乡村度假旅游。1865 年，意大利成立了“农业与旅游全国协会”。20 世纪 60 年代初，西班牙积极发展休闲观光农业，把农场、庄园进行规划建设，提供徒步旅游、骑马、滑翔、登山、漂流、参加农事活动等多种休闲项目，并举办各种形式的务农学校、自然学习班、培训班等，从而开创了休闲农庄的先河。此后，休闲农庄在德国、美国、波兰、日本、荷兰、澳大利亚、新加坡等国家得到倡导和发展。我国休闲农庄最早开始于 20 世纪 90 年代中后期，随着人们收入水平的提高，乡村旅游和生态旅游的兴起，度假休闲农庄得到迅速发展。

二、度假休闲农庄的基本特征

品质较高，主要依靠优质的服务与设施。

规模较大，旅游资源丰富。

消费水平偏高，适合城市收入较高者消费。

以丰富、创意的主题作为支撑，给游人高品质的享受。

三、度假休闲农庄的发展途径

（一）生态规划护环境

生态的保护是长远的发展的有力保证。休闲农庄多为大片种植，季节性较强，如何合理开发利用土地，按季节耕作，同时又不耽误营业获利，是生态保护的重点。同时，产业链的纵深发展，也是生态保护的有力支持。整个农庄可以发展“产供销、种养加”的产业链形式，北京张裕爱菲堡酒庄、密云古北口的紫海香堤艺术庄园都是将产业链延伸，而获得更高的利润与更长远的发展。以紫海香堤艺术庄园为例，以爱情为主题，创造了一个集都市型现代农业、情景式休闲度假、文化创意产业三位一体的新兴产业模式。锁定中高端消费市场，避免了与传统农业的市场竞争，划分了“香草体验休闲”和“汤河亲水休闲”两大功能区，使游客不仅能感受异域乡土的风情，还能亲身参与制作、体验香草文化。同时经营场地出租，可供游人自宿露营、婚庆公司举办婚礼的场地、婚纱影楼的艺术摄影基地等，让游人置身花海之中，感受浪漫的氛围。生产香草系列时尚产品，根据普罗旺斯古法手工制作的干花、香包、香袋、精油、香水、香皂、蜡烛、薰衣草花果茶等，将农产品变成了具有实用价值的商品和具有特殊意义的纪念品，增加了产品的附加值，从而获得更高的利润。

（二）星级品质引游客

举个简单的例子，快捷酒店和一般旅馆相比较。为什么越来越多的人出游、出差愿意选择入住快捷酒店？快捷酒店的卫生、舒适度、服务设施都远远优于普通旅馆，性价比更高，同等价位上，所有人都愿意选择更高品质的一方。休闲农庄就是高于农家乐的高品质消费。提起农庄，就让人想起了欧洲中世纪的贵族庄园，风车、牧场、花房、古堡等，浪漫而高贵。一般休闲农庄较之农家乐，无论是食宿还是设施，都要有较高层次的提高，土坯房、草棚已升级为了蒙古包、独栋别墅、室内温泉公馆等，环境更具浪漫、舒适，或临湖、或观景、亦或花丛为伴。服务更加贴心，温泉、SPA 等自然养生体验，精烹细致的可口佳肴，让游客衣食住行全方位得到了需求的满足。

台湾称度假休闲农庄为休闲农场，是利用乡村森林、小溪、草原等乡土自然风光，附设小土屋、露营区、烤肉区、戏水区、餐饮、体能锻炼区及各种游息设施等，以名特优新农作物品种和高科技含量推进农业生产，并以此吸引城市游客，为他们提供综合性的休闲场所与特色服务。农场一般由数个农民或农民团体联合兴办，规模比休闲农园要大，一般面积在 50 公顷以上，经营项目呈现多元化。经营休闲农场最多地区是台湾北部各县，占总数 44.7%，其中宜兰县 128 家、南投县 100 家。台湾香格里拉休闲农场最具代表性，以规模大、规划好、融地方文化和山湖景色于一体而著称。

（三）西学中鉴促发展

中西方的思想差异造就了不同的发展方式和发展思路，对西方思想不能一味照搬，而是要科学合理借鉴西方的先进思想，结合东方自身优势与文化，打造出自已的致富道路。

农庄在国外发展的比较早，大约在 20 世纪 60 年代已经形成一定的规模。城郊型休闲观光农业在欧美等发达国家已经发展成为一种举足轻重的旅游产业部门，城郊型休闲观光农业收入已占整个旅游收入的 20%。意大利起源于 20 世纪 70 年代的“绿色农业旅游”被称为“绿色假期”，将现代化农业与自然旅游完美融合的同时，又加上了民俗风情与社会文化，形成了综合型的休闲观光农业。法国的“农庄旅游”建立起了全国性质的联合经营组织，取名“欢迎您到农庄来”，主要有家庭农场、教育农场、自然环境保护区、家庭农园等。美国的度假农庄和观光牧场，借助政府的政策优惠与扶持，主营购物型、农作型、展示型的休闲农庄，城市居民可以来到农庄购买农民自制的农产品，参观农业博物馆，学习耕作、养殖、产品加工等工作，寓教于乐，同时可以观赏庄稼人艺术画、瓜果塑造等农业艺术展示。韩国农渔村开办的农家乐早已成为农民增收的主要来源，同时兼营周末农庄，让城市居民体验到了劳动和收获的乐趣。马来西亚以科技示范和生态保护为主导，在吉隆坡至巴生高速公路区段开设了农林旅游区，既有公园的形式，又包含了农作的活动。这些国家的发展方式，都是我们值得学习和借鉴的。

第四章　现代绿色观光农业发展总体构想

第一节　绿色休闲农业发展条件分析

一、绿色休闲农业资源分析

绿色休闲农业的生产过程是在一定的地域内农业资源与环境条件下进行的，资源与环境的好坏直接影响着休闲农业的效果，因此正确地分析休闲农业资源与环境的有利因素和不利因素，扬长避短，对休闲农业发展是十分重要的。

绿色休闲农业资源包括：农业自然资源、农业经济资源、农业文化资源。农业自然资源是农业赖以生存与发展的“固有资本”，是农业生产可以开发利用的自然环境要素。用系统论的观点看，农业自然资源是一个系统，是由土地资源、水资源、气候资源和生物资源等可以利用的自然要素构成的有机整体。农业经济资源是指直接或间接对农业生产发挥作用的社会经济因素和社会生产成果，如农业人口和劳动力的数量和质量、农业技术装备，以及交通运输、通讯、文教和卫生等农业基础设施等。农业文化资源是指人类在农业生产和农业生活中创造的物质财富与精神财富的结晶，如农耕文化、民俗文化、民间文化、民族文化、农村古建筑与遗址文化、饮食文化、农产品文化等。在一个地区范围内，所拥有的休闲农业资源数量越多、种类越丰富、质量越高，就越有利于休闲农业发展。反之，则不利于休闲农业发展。

绿色休闲农业作为可持续农业生产模式，虽然依靠绿色技术提高了资源利用率，以满足人们对产品的需求欲望，但并没有改变农业资源本身所具有的原始承载力，只是在一定范围内提高了农业资源对休闲农业发展的支撑作用的弹性。为此，在休闲农业资源开发利用过程中，应坚持以下基本观点。

（一）系统整体观

绿色休闲农业资源是一个系统，开发利用也是一个系统，两个系统有机组合，就构成了一个休闲农业资源开发利用系统。为此，在开发利用过程中，要处理好人类开发利用与休闲农业资源的关系，从系统整体论出发，只有充分认识到人类是人与自然这个大系统中的一分子的时候，人类才能真正协调与自然的关系；人类只有正确处理资源开发利用与环境保护的关系，才能高效利用资源，实现休闲农业资源开发与生态环境保护良性循环。为此，我们必须树立休闲农业资源开发利用的系统整体观。

（二）系统辩证观

在绿色休闲农业资源开发利用过程中，我们要用系统辩证观处理好以下几个问题。

第一，处理好资源有限性与无限性的问题。休闲农业资源就其物质性而言是有限的，如土地资源是有限的，森林资源有限还可以再生，但如果种植或复垦跟不上，就会砍伐一片少一片。而人类认识资源、利用资源的潜能是无限的，随着科学技术的进步，今天看来不是资源，明天就可能成为资源。为此，我们要用辩证的观点看待这个问题，既不能由于资源的有限性，而采用消极和悲观的态度，又不能由于资源的无限性，而盲目乐观、忘乎所以。我们应采取积极的态度，一方面要用可持续方式开发利用休闲农业资源和节约利用农业资源，另一方面要依靠科技进步不断开发和发现新资源，实现休闲农业资源的永续利用。

第二，处理好资源的数量与质量的问题。不论是土地资源，还是森林资源、草地资源，以及其他农业资源都有一个数量与质量问题。在一个国家或一个地区有的资源数量大，质量也好，有的资源数量大，但质量差，如我国西部地区的土地资源，从总体上看，数量大，但质量差。为此，我们要用系统辩证观看待这个问题，正确处理数量与质量问题。对于数量大的资源，不仅要看总量，而且要看人均占有量，还要看其质量。对于质量差的资源，要依靠科技进步，提高其开发利用率和有效利用率。

第三，处理好资源开发利用与环境保护的问题。休闲农业资源的有用性是人类通过开发利用能为社会带来财富或福祉。但在人类开发利用休闲农业资源的过程中，只注重资源的有用性或只考虑开发资源带来的利益，不考虑环境，就会产生有害性。为此，我们在开发利用休闲农业资源的过程中，必须处理好资源开发利用与环境保护的关系，也就是有用性与有害性的问题，坚持开发与保护并重，经济效益、社会效益、生态效益相统一。

(三) 科学发展观

在绿色休闲农业资源开发利用过程中，涉及人口、资源与环境系统，经济、社会、生态系统，是一个十分复杂的巨大系统工程。为此，我们必须坚持休闲农业资源开发利用的科学发展观，即坚持以人为本，以发展为第一要务，统筹兼顾休闲农业资源开发利用与生态环境保护，人口、资源与环境系统的协调发展，实行节约方式、可持续方式开发利用资源，不仅要考虑当代人的资源利用，还要考虑子孙后代的资源利用，实现休闲农业资源的永续利用和经济社会的可持续发展。

二、绿色休闲农业环境分析

绿色休闲农业环境是整体环境的重要组成部分，也是休闲农业的基本物质条件。农业环境保护不仅对发展绿色休闲农业至关重要，而且在整个环境保护中也占有十分重要的地位。目前，农业自然资源衰退，自然灾害加剧，水土流失、沙漠化、土壤次生盐渍化等问题突出。农田、牧场受工业（包括乡镇企业）“三废”污染严重。大量使用农药，造成土壤、水体污染和农畜产品有害物质残留。过量和不合理地施用化肥，引起蔬菜、地下水硝酸盐积累和水体富营养化等现象比较普遍。农业环境恶化危害人体健康，危害农业生产，导致农业减产、绝产和农产品质量下降。农业环境破坏会降低农业环境的生产力及抗御自然灾害的能力，还会对气候产生不利的影响，导致旱涝灾害频繁发生，进而危害农业生产和人民生命财产安全。农业文化资源有的遭到破坏，有的失传，急需维护和传承。为此，系统分析掌握休闲农业区域环境特点与环境存在的问题，可以使组织者和生产者在休闲农业发展过程中扬长避短，根据各种生物所适应的特定繁殖生态条件来发展相应的种植和养殖业，以发挥其生产优势；可以使组织者和生产者看清绿色休闲农业发展的有利环境条件与不利环境条件，确定绿色休闲农业发展所必须遵循的环境约束条件的临界点与阈值，进而将其生产控制在可承载的环境容量之内，保持生态环境的良性循环，支撑绿色休闲农业的可持续发展。

第二节　绿色休闲农业发展总体思路

绿色休闲农业发展总体战略是一个国家或地区在一定时期

内具有全局性、决定性、长远性的重大问题的筹划与决策。为此，绿色休闲农业发展总体战略思路正确与否关系到休闲农业发展的成败。绿色休闲农业发展总体战略思路应按照以人为本的思想，满足人们休闲观光的需求，从绿色休闲农业的功能出发，体现人与自然和谐相处，生态、经济、社会协调发展，突出区域特色，创新项目与模式，开拓旅游亮点，树立品牌意识，实现绿色休闲农业的可持续发展。具体应坚持以下几点。

第一，坚持按自然规律办事的思想。就是要在实事求是分析评价所在区域休闲农业资源、环境等实际情况的基础上，同时根据市场需求，按照自然规律办事的思想来确定绿色休闲农业发展方向和产业布局。绝不能凭主观臆断和个人喜好做违反自然规律的事情。

第二，坚持按经济规律办事的思想。在市场经济条件下，要分析国内外市场对休闲农业产品的需求，按照经济规律办事的思想来决定绿色休闲农业发展规模和数量。

第三，坚持按生态规律办事的思想。在绿色休闲农业发展过程中要因地制宜，从各地区休闲农业资源、环境条件的实际和系统整体出发，以保护休闲农业资源和环境为基础，保持生态系统的良性循环，实现绿色休闲农业发展与生态环境协调统一，实现经济、社会、生态三位一体高效统一。

第四，坚持农业产业化经营的思想。要按照农业产业化经营的专业化、标准化、规模化、集约化发展绿色休闲农业。

第五，坚持总览全局、统筹协调、分类指导、重点突破、有序推进的思想。要从农业发展全局通盘考虑问题，统筹协调各个部门、各个生产环节，按照不同区域农业生产实际指导绿色休闲农业发展，找准其发展的重点和突破口，循序渐进，梯次推进绿色休闲农业发展。

第六，坚持科技进步的思想。要研究绿色休闲农业园区实用技术、核心技术、关键技术，依靠科技进步，支撑绿色休闲农业发展，变粗放经营为集约化经营。

第七，坚持用法律法规保障绿色休闲农业发展的思想。要逐步建立健全绿色休闲农业发展的法律法规体系，以此保障绿色休闲农业的有序、健康、持续发展。

第八，坚持可持续开发利用资源与满足子孙后代休闲需求的思想。要用可持续方式开发利用资源，实现资源的可持续利用，为子孙后代提供休闲度假、游憩的场所，满足子孙后代对绿色休闲农业产品的需求。

第九，坚持深入挖掘农村民俗文化和农耕文化资源，提升休闲农业的文化品位，实现自然生态和人文生态的有机结合。

第三节 绿色休闲农业的区城布局

依据区位优势、资源禀赋、历史文化背景等条件，休闲农业发展总体布局分为五类区域：大中城市近郊地区、名胜古迹景区、依山傍水逐草自然生态区、少数民族地区和传统特色农区。

一、大中城市近郊地区

大中城市近郊地区的农业基础好，农产品技术含量高，有的已形成现代农业的雏形，有的已建成高标准休闲农业园区；交通便捷，经济、文化条件优越；城镇化水平高，近距高密度的城市人口群，休闲消费旺盛。为此，要以满足市民多样化消费需求为目标，积极建设以大型设施农业为基础，以新、奇、特等高档农产品生产为主，集休闲、观光、度假、教育为一体的综合性休闲农业园区、生态农业园区、农业主题公园、观光采摘园和休闲农庄，努力打造现代农业新型产业模式，如上海孙桥现代农业开发区、北京顺义“三高”科技农业试验示范区、河北省廊坊市金丰农科园、苏州未来农林大世界等。

二、名胜古迹景区

名胜古迹景区依托自然风光、文物古迹，客源丰富，需求量大，发展休闲农业条件优越。要以功能衔接和特色互补为重点，突出服务功能，强化休闲体验，满足多元需求，如北戴河集发生态农业观光园。

三、依山傍水逐草自然生态区

山区、滨水地区与草原地区具有得天独厚的山水、气候、植被、生态和人文优势，承载着农业生产、农民生活、生态涵养等重要生产生态功能。该类地区要以农民就业增收为核心，紧密依托自然资源、生产资源、历史文化与独特民风，打破区域界限，营造特色休闲农业功能区，在保护生态环境基础上，大力发展以农业生态游、农业景观游、民俗风情游、特色农（牧、渔）业游为主的休闲农（山、渔）庄和农（牧、渔）家乐等。

四、少数民族地区

少数民族地区具有发展休闲农业的独特基础。应依托丰富的特色民风、民俗资源大力发展休闲农业，促进民族传统文化保护、传承与弘扬。加快基础设施建设，借助特有的资源优势和广阔的空间，创新少数民族地区发展休闲农业的有效途径。着力保护特色村庄和田园风光，拓展国内外市场，大力发展以农民家庭经营为基础，以特色乡村游、民族风情游、村落风光游等为特色的休闲农业新兴休闲度假方式。如贵州省苗族侗族自治雷山县朗德上寨民俗风情旅游。

五、传统特色农区

传统特色农区要在稳定农业生产、保障农产品供给的前提下，拓展农业的多功能性，立足当地农业资源、农耕文化、生产条件和自然景观，着力发展景观农业、农事节庆、观光采摘、特色动植物欣赏以及农业园区等多种形式的休闲农业，强化农业生产过程和产品功能创意，增加文化内涵，创新农业发展思路，拓宽农民致富途径，努力在传统特色农区建成一批农业与休闲产业并举的多功能现代农业区，提升传统特色农区的社会经济效益。如甘肃省庆阳周祖农耕文化游。

第四节　绿色休闲农业项目定位

绿色休闲农业项目定位主要是休闲农业项目的主题定位、模式定位、形象定位、方向定位、市场定位、发展目标定位。

绿色休闲农业的主题定位，就是依据区域休闲农业资源的特点，确定绿色休闲农业发展的主题。主题的确定，要突出休闲农业特色，营造具有吸引人气的氛围。整个休闲农业的规划设计要时刻呼应主题，体现主题，突出主题特色农业文化的内涵。如成都市锦江区三圣乡充分利用城市通风口背靠大城市的地缘优势，因地制宜，创造性地打造了花乡农居、幸福梅林、江家菜地、东篱菊园、荷塘月色的所谓“五朵金花”的五个主题景点，探索了农民不再把离乡进城作为进入现代化的唯一途径，而是就地享受城市化的文明成果，成了令人羡慕的“新市民”。现在“五朵金花”错位发展，竞相开放，花乡农居成了以发展小盆、鲜切花和旅游产业为主导的国家 AAAA 级风景区（2006 年）；“幸福梅林”围绕梅花文化和梅花产业链，发展旅游观光产业；“江家菜地”以认种的方式，把传统种植业变为体验式休闲产业，实现城乡互动；“东篱菊园”突出菊花的多种类和菊园的大规模，形成了“环境、人文、菊韵、花海”的交融；“荷塘月色”优美的田园风光，成了艺术创作、音乐开发的艺术村。

绿色休闲农业的模式定位，就是围绕“吃、住、行、游、购、娱”旅游六要素，确定休闲农业项目的模式，如休闲娱乐型模式、观光观赏型模式、农事体验型模式、疗养度假型模式、民俗节庆型模式、会议餐饮型模式、科普教育型模式等。

绿色休闲农业的方向定位，就是对休闲农业项目的未来发展方向定位。

绿色休闲农业的市场定位，就是确定目标市场和目标客源，是国际性的、全国性的、地方性的，并按照功能区、营销时序、客源类别构建三维营销战略框架。

绿色休闲农业的发展目标定位，就是要确定近期、远期的游客量、销售额、利润等目标。

第五章　现代观光农业建园前期调研

第一节　现代休闲观光农业园的概述

一、现代休闲观光农业园的含义

现代休闲观光农业是一种以农业和农村为载体的新型旅游业，有狭义和广义之分。狭义的仅指用来满足旅游者休闲观光需求的农业；广义的现代休闲观光农业应涵盖“休闲农业”“观赏农业”“农村旅游”等不同概念，是指在充分利用现有农村空间、农业自然资源和农村人文资源的基础上，以旅游为主题进行规划、设计与施工，通过科学管理把农业建设、农艺展示、农产品加工、农村空间出让及旅游者的参与融为一体，使旅游者充分领略现代新型农业艺术及生态农业自然情趣的新型旅游业。

现代休闲观光农业园以农业为背景，是一个具有多重功能的系统，是在明确空间范围内建立起来的，以农业生产、自然环境与文化资源为主要开发内容，以城市居民的休闲、观光、娱乐和青少年教育为服务对象，开发各具特色项目的园区。

现代休闲观光农业园是政府倡导、企业实施、广大农民积极参与的新型综合开发方式，是推动休闲观光农业建设和发展的载体。

现代休闲观光农业是现代农业的组成部分。现代农业不仅有生产功能，还具有改善生态环境质量，为人们提供休闲、观光、度假的生活功能，满足了现代都市人们渴望在优美的环境中放松、休闲的需求。于是，回归田野、自然的休闲观光农业就成为人们最好的选择，看农家景、住农家屋、吃农家饭、做农家活成了旅游中新的热点。各地掀起发展现代休闲观光农业的热潮：有的选择已有的自然风景区或旅游景点为依托，兴建“休闲观光果园”或珍稀动物养殖场；有的以种、养殖场为基础，再造人工景观、游乐设施；有的集科研、技术开发、休闲观光旅游于一体，兴建“水果世界”等。

现代休闲观光农业园，已成为人们休闲观光旅游、丰富农业知识、交流农业经验、体验农业生产劳动与农民生活、享用农业成果、畅享田园休憩健身的场所和农业深层次开发的样板。建设现代休闲观光农业园来促进当地绿色产业的发展。

二、休闲观光农业的功能

从世界各国与国内各地的发展历程来着，休闲观光农业作为一种农业与旅游休闲服务业有机融合而生化出来的一种新型“产业”，其所承载的基本功能如下。

（一）生产功能

休闲观光农业是融合第一产业和第三产业为一体的新型产业，因此其生产功能是第一位的。它不但生产农产品，同时也生产旅游产品；不但生产物质产品，更生产精神产品。休闲观光农业的生产功能体现在它为服务对象提供农产品、农副产品和通过休闲体验所激发的心灵愉悦与升华的精神产品。

（二）游憩与保健功能

为人们提供自然清新的休闲场所，进行有益的休闲活动可以让远离泥土气息的城市居民领略大自然的情趣，品味返璞归真的愉悦，从而解除工作、学习及生活的压力，达到心情舒畅、修身养性、促进健康的作用。

（三）经济功能

休闲农业是在发展农业生产的基础上发展旅游业，在降低土地集约化的同时提高单位土地的收益，它改善了农业和农村的产业结构，增加了乡村居民的就业机会，拓宽了农村经济的发展渠道，提高了农业和农民的收入，起到了“兴一处旅游，富一方百姓”的作用。

（四）社会功能

现代休闲观光农业，真正实现了经济、生态、社会效益的同步协调发展，加强了城乡居民的交流，拓宽乡村居民的人际关系，推进城镇化进程，缩小城乡差别，提升城乡生活品质，构建和谐社会。

（五）教育功能

休闲观光农业的教育对象不仅有游客，还有开发者、决策者、管理者等。教育手段从单纯的游客用心去感受的教育方式，发展为充分利用现代科学、技术、艺术等知识展示自然，使人能够直观形象地接受教育，大大提高教育效果。人们通过休闲观光农业活动，认识和学习农业和农耕文化，了解动、植物生长过程和农业科学知识，分享农业收获的喜悦，体验宁静朴实的乡村生活，激发人们热爱大自然、保护生态环境、造福子孙后代的环保意识和文明行动。

（六）环保功能

现代休闲观光农业将自然生态系统、农业生态系统、人工建筑系统有机地融为一体。在经过精心规划设计、建设改造和科学运行管理的休闲观光农业景区环境的熏陶下，促使乡村居民改变不良的生活习惯和一直向大自然索取的生活态度，主动改善环境卫生，提升环境品质，树立维护自然生态平衡的理念，主动参与环境资源保护，达到自然生态环境可持续发展的目的。

（七）文化传承功能

休闲观光农业着意表现的乡村景观，积淀着久远浑厚的历史和文化，使游人仿佛置身于一幅幅优美的山水写意画中，思古怀旧与诗情画意油然而生，令人心旷神怡。通过休闲观光农业的建设与发展，使农村特有的农耕文化、生活文化、产业文化、民俗文化等具有特色的乡村文化得以保留、升华和继承，同时能使其得到创新和发展，创造出具有特殊风格的农村文化。

第二节　现代休闲观光的产业政策

一、政府主导政策

打造休闲观光农业园是一项综合性的系统工程，不能完全依靠市场的力量进行，需要整合行政管理、公共工程、土地与资源、税费优惠、营销促进、招商引资等诸多方面，以商业化的理念实施综合经营。休闲观光农业产业的发展与政府的强力推动密不可分，培育、建设和完善休闲观光农业园，政府发挥着主导性的作用。政府作为社会管理者和社会协调者，保证为建设休闲观光农业园创造良好的生存和发展环境，具体体现在以下 4 个方面。

（一）科学编制规划

建设休闲观光农业园的首要前提是编制科学的发展规划。按照“因地制宜、合理布局、突出特色”的原则，编制休闲观光农业发展规划，突出体现高起点、国际化、前瞻性、时代性。同时，加强规划管理，严格按规划要求审批休闲观光农业建设项目，有效地防止中低档次休闲观光农业开发及重复建设的盲目行为，防止急功近利的短期行为、损害环境的破坏行为。

（二）政策引导及协调

通过制定财政、金融、税务、价格、工商管理、招商引资、交通运输、出入境管理等各方面的一系列产业政策，优化休闲观光农业园建设环境。加大对基础设施、公共服务体系建设的导向性资金投入，在政府的策划下，有效地实现投资主体的多元化。

（三）管理和市场推广

休闲观光农业园建成后，需由政府加强指导和监督，帮助直接管理者高标准、严要求地管理好景区景点，做好运行工作。同时，要加大对旅游目的地的市场推广力度，增加投入，走可持续发展的道路，充分利用政府的影响力，以多种手段、多种形式、多种渠道，特别是利用旅游节庆、新闻媒体等强势手段，来提高休闲观光农业园的知名度和美誉度。

（四）监督企业提高服务质量

完善管理、优化服务是休闲观光农业园的“生命线”和“保障线”。服务是重要的产品，旅游者对旅游服务越来越重视，休闲观光农业园能否真正成为精品，服务是重要因素，要创造服务品牌，并不断完善。应由政府组织企业加强诚信建设，倡导文明经营、诚实守信的风气，加大对市场秩序和服务质量的监管力度，加快推进旅游企业标准化认证进程，建立服务质量和规范评估体系，推动整体服务水平的提升。

二、政府扶持政策

（一）休闲观光农业项目用地优惠政策

对休闲观光农业项目，政府优先给予用地指标；对不搞永久性建筑的项目可以按照农业结构调整政策办理，不再办理农业用地审批手续；集体所有的“四荒”地，可作为休闲观光农业项目的附属建设用地。在土地价格方面，政府可以给予休闲观光农业项目用地适当的价格优惠。

（二）休闲观光农业项目基础建设倾斜政策

中共中央、国务院颁布的《关于切实加强农业基础建设进一步促进农业发展农民增收的若干意见》中，明确要突出抓好农业基础设施建设，加大投入力度，加快建设步伐。各省（自治区、直辖市）对休闲观光农业项目基础建设，要最大限度地争取非农资本和社会资金的投入，结合休闲观光农业园区建设的实际，加大政府支持力度。对同一规划，具有一定发展规模的农业园区的水、电、道路、通信等基础设施建设要在项目资金上给予倾斜，并对棚室等生产设施给予政策扶持。

（三）休闲观光农业项目税收优惠政策

政府应当给予休闲观光农业项目经营者和为休闲观光农业提供服务的社会中间组织一定的税收优惠政策。例如，对农民销售自产农副产品取得的收入免税，对社会中间组织提供技术服务或劳动所得的收入免征企业所得税。此外，政府还可以对一些经营特色明显、运作规范、带动能力和可持续发展能力强的休闲观光农业项目采取“以奖代补”的形式予以补贴；部分经营效益好、表现特别突出的休闲观光农业项目可以享受农业龙头企业的各项优惠政策。

（四）金融支持政策

加大政府对发展休闲观光农业的投入。除了加大对基础设施方面的投资外，继续实施“两减+补贴”政策，加大对休闲观光农业的补贴力度。加快金融信贷体制改革，优化融资服务，为休闲观光农业企业或个人提供贴息贷款和小额信贷，切实解决贷款难的问题。加快农业信用担保体系建设，地方财政可按实际担保额给予一定的担保风险补助。推动信贷支农产品创新，探索土地承包经营权抵押等多种贷款方式，扩大信贷支农渠道。完善政策性农业保险办法，适当增加保险品种，特别是对农业龙头企业、专业大户及主导产业等需要保险的农业项目给予保险，并支持农林牧渔业互保。对毕业的大中专院校学生和科技人才创办家庭休闲观光农场，优先给予创业贷款支持。

（五）土地流转政策

休闲观光农业用地要在坚持农村土地承包政策长期不变、保障农民土地使用权的基础上，建立起“自愿、依法、有偿”的农村土地流转制度。《中共中央关于推进农村改革发展若干重大问题的决定》中鲜明提出了“三个不得”，即土地承包经营权流转，不得改变土地集体所有性质，不得改变土地用途，不得损害农民土地承包权益。农村土地归集体所有，土地流转的只是承包经营权，不能在流转中变更土地所有权属性，侵犯农村集体利益。实行土地用途管制，农地只能农用。改革的焦点就是通过土地流转等政策手段适度整合被承包到户的土地，允许农民以转包、出租、互换、转让、股份合作等形式流转土地承包经营权，发展多种形式的适度规模经营。

三、尽快制定和完善有关的法律法规

我国虽然对休闲农业十分重视，但休闲观光农业起步较晚，专门的法律法规体系尚未健全。一些规范性文件相继出台，例如，中共中央、国务院颁布的《关于推进社会主义新农村建设的若干意见》、国家旅游局和农业部颁发的《关于大力推进全国乡村旅游发展的通知》、浙江省农办和省旅游局发布的《浙江省省级农家乐特色村认定办法》、杭州市农办和市旅委制定的《杭州市级休闲观光农业示范园区（点）考核标准》和《杭州市级农家乐休闲旅游特色村认定标准》、北京市《乡村民俗旅游户食品安全管理规定（试行）》、上海市《关于推进本市农业旅游发展的若干意见》、广州市《特色乡村旅游区（点）服务规范》等。只有制定更加完善的相关法律法规，才能引导和约束休闲农业的有序化、制度化经营，保证效率和公平的实现。

第六章　现代观光农业建园的基础与条件

第一节　现代观光农业建园的目标市场定位、区位选择

一、目标市场定位

这里所说的目标市场定位主要指的是客源市场或产品市场。休闲观光农业按市场运作追求回报率，任何休闲观光农业产品都应该具有独特的市场卖点。因此，休闲观光农业产品的选择要找好自己的“定位”，在发展现代休闲观光农业时需要认真考虑。

从我国当前发展情况来看，现代休闲观光农业主要客源是对农业及农村生活不熟悉，又对其非常感兴趣的城市居民。因此，休闲观光农业应当是城市居民休闲的“后花园”，即市民利用双休日、假期进行短期、低价、重复的旅游地点。对现代休闲观光农业的开发首先应该从客源市场分析开始，根据市场需求来规划设计休闲观光农业产品。

规划的主要内容包括：确定现时市场特点、预测潜在市场，并进行市场细分；从客人的需要、偏爱与基础设施（规模、数量、质量）两方面对市场进行评估；从季节因素、其他旅游点与当地同行的存在（是否临近、竞争性经营、互补性经营）两方面来分析客源市场的限制因素；根据逗留目的

(娱乐、公务、保健等)、地理来源、社会经济水平、人们的旅游嗜好等来确定客源市场。

二、区位选择

区位因素与游客数量呈正相关，区位可分为宏观区位和微观区位。宏观区位是指现代休闲观光农业区所依托的城市的区位条件；微观区位是指休闲观光农业与所依托的城市的联系。微观区位一般有三种含义：一是与城市的距离，二是交通的通达性，三是所处区域的景观、环境、经济条件等。作为兼有旅游功能的农业开发项目，一般要求布局在城市与农村的接触带上，首先是大城市周边的农业地带，然后再向交通便利、农业基础好的地带延伸。就目前我国旅游休闲观光农业发展的状况来看，其主要客源为大中城市居民，因此，应位于市区 1~2 小时的驾车距离范围内。北京市农业管理部门已做出明确要求，凡是在具备一定旅游资源区域内、在主要交通道路两侧的果园，都要满足市民休闲观光采摘的需要，即开车能进去、下车能摘果。这使果农的种植效益大增，整个北京郊区的休闲观光果园也发展到 600 多个，充分发挥了休闲观光果园的生态、经济、休闲、科普的功能，成功地组织了多次“北京市百万市民休闲观光果园采摘之旅”活动。

此外，综合考虑休闲观光农业园的目标客源、经营特色、旅游项目等特点，成功的现代休闲观光农业园应该选择以下 4 种区位。

一是城市化发达地带。具备休闲观光农业发展最基本的客源市场——城市游客，成功的概率比较大。

二是特色农业基地。农业基础较好，有丰富的生产经验，特色鲜明，容易吸引游人。

三是优秀旅游景区的附近。利用景区的客源市场，吸引一部分游客，或者直接将现代休闲观光农业园作为一个景点向游人开放。

四是度假区周围或度假区内。作为度假区的一部分，开展农业度假形式。

第二节　现代观光农业建园的社会、经济条件、旅游资源

一、社会、经济条件

社会、经济条件对现代休闲观光农业的开发影响深远，现代休闲观光农业的开发必须对其所依托地区的社会、经济条件进行细致而深入的分析，这也是休闲观光农业进行宏观区位选择的一个参考。其内容主要包括七个方面：一是区域总体发展水平；二是本地区的开放意识与社会承受力；三是项目的开发资金及其来源；四是区域城镇依托及劳动力保证；五是区域水、电、能源、交通、通信等基础设施情况；六是本地区的物产和物质供应情况；七是休闲观光农业建设用地条件是否满足等。

二、旅游资源

现代休闲观光农业园区的开发与本地区旅游发展的基础密切相关。良好的旅游业发展带来大量的游客，才会有更多的机会去发展休闲观光农业旅游。因此，在分析区域旅游发展基础时，应着重考虑旅游资源的类型、特色、资源分布、产品组合及其提供的旅游功能，还要注意外围旅游资源状况。同时，配套设施完善、接待能力强的地区才能吸引游客，为现代休闲观光农业的顺利发展提供条件。

旅游业基础较好的地区已经占领了一定的客源市场，为发展现代休闲观光农业带来了机会；旅游业基础薄弱的地区，则存在着意识屏障和市场屏障，对开发现代休闲观光农业资源较为不利。

第三节　现代观光农业建园的人才匹配条件

现代休闲观光农业要持续、健康发展，人才的运用不容忽视。目前，发展休闲观光农业园区项目的地区区位条件较差，经济相对落后，经营人才普遍较为缺乏。建园需要的人才是多方面的，应该在园区筹建时就开始进行人才筹备。一般的休闲观光农业园需要的人才包括以下三类。

一、技术人才

现代休闲观光农业园的建设一般都具有一定科技含量，特别是一些大型的现代休闲观光园区要求具备高素质的科学技术人才。现代休闲观光农业园区需要一定量的生物技术、育种技术、栽培管理、产品质量监督保障等方面的人才。

二、经营管理人才

现代休闲观光农业园管理需要各方面的综合知识，对管理人才的要求也就更为严格，不但要求有技术，还要懂管理、会经营。目前管理比较好的园区一般都有优秀的管理人才，能够制定出与本园区相适应的管理机制和管理办法，使园区效益明显提高。

三、市场营销人才

目前，我国的农产品市场已由供不应求变为供大于求，如果缺少了市场开发型人才，产品就很难与市场接轨，更难以创造高效益。所以，现代休闲观光农业园旅游项目的市场营销人才是必需的，只有具备优秀的营销人才，制定出吸引游客的营销策略，并能实施良好，现代休闲观光农业园才能在竞争激烈的旅游市场占有一席之地。

休闲观光农业园的人才引进与培养，要充分挖掘当地的高校科研院所培养的各类人才，并通过项目合作、基金支持和咨询等形式加以利用。园区与大学共建博士后流动站的形式是一条值得探索的途径，即园区提供平台和部分启动资金，吸引技术、管理等学科的博士后，工作人员利用园区和学校双方资源，为园区及其企业进行项目策划或解决关键技术问题。在合作中，要十分重视人才收益及其产出的关系，利用知识产权入股、技术开发奖励等方式激励入园的科技人员，把双方长期的利益作为追求目标。

第四节　现代观光农业建园的SWOT分析

把对企业的机会、威胁、优势和劣势的分析综合起来全面考虑和评估企业经营环境就是 SWOT 分析。S 表示优势（strengths）、W 表示劣势（weaknesses）、O 表示机遇（opportunities）和 T 表示挑战（threats）。

SWOT 分析法，是目前国际上通行的条件综合分析法，它通过对资源地发展旅游业所具备的优势、机遇及所面临的弱势和挑战等进行综合分析，来确定该地发展现代休闲观光农业园区的战略措施和其他原则性问题。

科学地进行 SWOT 分析，将有助于制定科学的发展目标与发展规划。其中，优势、劣势是分析自身的条件，对现代休闲农业开发的资源条件、要素投入、市场份额、经营管理等方面进行分析，正确把握现代休闲农业开发的比较优势和存在不足；而机遇和威胁则是分析外部的条件，重点是对市场供求、竞争对手、环境变化、发展趋势等方面进行分析，以找出休闲农业产品开发的机遇和潜在市场，同时明确休闲农业产品开发面临的竞争和挑战。

作为一个要进行开发的现代休闲观光农业园区项目，其SWOT分析如下。

一、优势（strengths）

优越的自然环境、良好的区位条件、雄厚的经济基础、多元的投资体系、完备的基础设施、畅达的交通网络、发达的高新科技、政府的大力支持、居民期盼开发的高涨热情、现代休闲观光农业园的区域布局已具雏形等。但不同的园区项目，其优势条件的构成可能有一定的差异。

二、劣势（weaknesses）

园区所在地人均耕地面积少，用地矛盾突出；自然灾害时有发生，休闲观光农业旅游资源面临威胁；旅游大环境部分环节薄弱等。这些情况在经济发达地区也不同程度地存在。

三、机遇（opportunities）

产业政策等宏观环境为休闲观光农业园区的开发提供契机；休闲观光农业的发展适应城市居民对自然生态旅游的偏好。

四、挑战（threats）

来自本区域及周边地区的同业竞争；来自本区域及周边地区的其他类型旅游产品之间的竞争。

通过 SWOT 分析，来确定现代休闲农业发展方向、目标和为实现既定目标而采取的战略，这是在规划的战略选择阶段需要完成的任务。因此，发展战略主要是在 SWOT 分析的基础上解决三个关键性问题，即发展方向、发展目标、战略选择。

第七章　现代观光农业园的选址与定位

第一节　现代休闲观光农业园的选址

现代休闲观光农业园一般在原有生产基地的条件上进一步开发而成。从实际情况出发，根据当地农业生产的历史及特点，充分挖掘当地资源，因地制宜地营造有地方特色的农业景观。决定一个地方能否建设现代休闲观光农业园，一般取决于区位条件、立地条件、资源条件及社会经济条件四个方面。

一、区位条件

现代休闲观光农业建园的区位条件是决定休闲观光农业能否成功的首要因素。从旅游区位理论可以看出决定休闲观光农业建园的区位条件主要是客源市场条件和交通条件。

（一）客源市场条件

客源市场是指旅游目的地对地域相异的游客的吸引力及旅客的出游能力，包括人口密度、人均收入、消费水平、闲暇时间、出游形式、旅游偏好等。客源市场条件是现代休闲观光农业建园成功与否的决定性因素之一，客源市场及潜在客源市场的规模、类型是现代休闲观光农业园建设能否进行的首要因素，也是确定旅游项目的依据。

（二）交通条件

游客的出游在很大程度上取决于目的地的交通条件，交通条件的好坏往往与游客的多寡存在一定正相关的关系。影响现代休闲观光农业建园的交通条件主要体现在以下两个方面：一是离城市的远近，这直接关系到建园地游客的数量和相应配套设施的健全；二是建园地与客源市场的交通便捷程度，这是游客出游考虑的条件之一，直接影响游客数量。

二、立地条件

立地条件是指现代休闲观光农业建园地的情况，主要包括自然环境条件和农业基础条件两个方面。立地条件不仅关系项目的可行性、布局、工程投资大小等，还关系规划用地开发利用的适用性和经济性。

（一）环境条件

建园地范围内的自然环境条件是建设现代休闲观光农业园的重要因素。良好的自然环境是现代休闲观光农业的必备条件，也是增强旅游资源吸引力的基础条件。现代休闲观光农业建园地的自然环境条件主要包括植被状况、气候状况、水文水质状况、空气质量以及地形地貌类型五个方面。

（二）农业基础条件

建园地所在地域主要农副产品生产和供应的种类、数量及保障程度对现代休闲观光农业的旅游开发有很大的影响。总的来说，农业的种类、产量和农产品商品率与休闲观光农业旅游开发呈正相关关系。只有对建园地所依托地区的农业基础条件进行仔细地分析和研究，才能确定现代休闲观光农业旅游开发的主要方向。

三、资源条件

资源条件是建设现代休闲观光农业园的决定性条件，只有合适的资源条件才能建设适宜当地发展的旅游资源。现代休闲观光农业的资源条件主要有自然景观资源和人文景观资源。

（一）自然景观资源条件

选择建设现代休闲观光农业的地区必须具备一定的自然景观资源，在具备自然景观资源条件的地区建园要比花大量人力改造建设休闲观光农业节约资金，并能实现所建现代休闲观光农业园的持续发展。由于现代休闲观光农业园具有强烈的地域性，建园地所在地区的综合自然景观资源条件在一定程度上决定了现代休闲观光农业的开发类型和发展方向。

（二）人文景观资源条件

人文景观资源条件是建园所必须具备的文化条件，例如农村的生活习俗、农事节气、民居村寨、民族歌舞、神话传说、庙会集市以及茶艺、竹艺、绘画、民族歌舞、民居村寨、神话传说、蚕桑、雕刻、史话等都是农村旅游活动的重要组成部分。这些现代休闲观光农业旅游活动中的重要人文景观不仅增长了现代休闲观光农业旅游者的文化知识，而且还提高了休闲观光农业旅游者的文化品位，从而吸引更多的游客前来观赏、研究。

四、社会经济条件

社会经济条件是决定现代休闲观光农业能否发展的重要因素。影响现代休闲观光农业开发建设的社会经济条件主要包括建园地的区域经济条件、基础设施和旅游发展。

（一）经济条件

经济条件主要是指某区域所处的经济环境，也就是该区域的总体经济发展水平。它涉及经济基础、经济发展水平、资金、技术等多方面。衡量一个地方经济发展水平的重要指标主要有当地的消费能力和投资能力。经济条件对现代休闲观光农业园的开发建设是十分重要的。处在较好经济环境的现代休闲观光农业园优势突出，发展潜力巨大，资源丰富，对该地的发展有很大的推动作用。

（二）基础设施条件

现代休闲观光农业建园的基础设施条件主要包括水、电、能源、交通、通信等设施。这些基础设施是现代休闲观光农业开发，特别是现代休闲观光农业技术建设中不可缺少的条件和因素，并直接影响现代休闲观光农业开发建设的难度和投资金额。

（三）旅游发展条件

休闲观光农业旅游的开发与该区域内旅游发展的情况密切相关。有良好旅游发展条件的地区，其旅游业的发展必将带来大量的游客，带动现代休闲观光农业向可持续方向发展，实现创收。

发展形式和内容多样化的现代休闲观光农业园区，既能符合社会经济发展，尤其是农业经济的发展需求，又满足了广大人民群众日益增长的物质文化生活需要。但是，要建设既有特色，又在经营上有所收获的现代休闲观光农业园区，就必须在充分调查当地情况、认真分析建园条件的基础上，进行科学合理的规划及理性的投资和建设，实施科学规范的管理制度，使其在良性的轨道上稳步发展。

第二节　经营定位

一、丘陵山区现代休闲观光农业园

（一）我国丘陵地区的特点

丘陵是陆地上起伏和缓、连绵不断的低矮隆起高地。海拔一般在 500 米以下，相对起伏在 200 米以下。按其分布位置可分为：山间丘陵、山前丘陵、平原丘陵、海洋丘陵等。丘陵地区，尤其是靠近山地与平原之间的丘陵地区，往往由于山前地下水与地表水由山地供给而水量丰富，自古就是人类依山傍水、防洪、农耕的重要栖息之地，也是果树林带丰产之地，因其风景别致，可开辟为旅游胜地。在丘陵地区开展现代休闲观光农业就是在结合丘陵地貌、突出丘陵生态的基础上，把农业、园林与休闲观光、度假、娱乐、参与等旅游活动有机结合起来。

（二）丘陵地区现代休闲观光农业园经营遵循的原则

（1）方便性原则。现代休闲观光农业应为游人创造方便性条件，一般具有区位优势的现代休闲观光农业区的可进入性高、交通便利、近道近景，且该地区出游半径均小于 100 千米，对拥有双休日的城市居民而言，这种短时间的消费取向最具诱惑；而无区位优势的休闲观光农业区游客则较少，即区位因素与游客多寡具有正相关关系。

（2）因地制宜原则。现代休闲观光农业园应从园区所在地的实际出发，因地制宜，对园区资源进行综合开发。尤其是现代休闲观光项目的开发要充分利用园区内现有的农业生产基础和自然资源条件，努力形成地方特色。现代休闲观光农业园应以保持生态系统的可持续性发展为基础，杜绝大规模的人工建设和对自然的破坏。

现代农业技术的发展使得我们在很大程度上可以在顺应自然生态发展规律的同时获得较大的收益，在现代农业技术支持下发展的现代休闲观光农业型园区更应以贴近自然为特色，在规划建设时强调保护和合理利用自然景观，崇尚自然生态美学的审美观。

（3）农业生产与旅游相结合原则。充分利用原有旅游景区和景点，扩大或增加现代休闲观光农业项目，通过相互带动，开展农游合一的新型产业。

(4) 基础性原则。开发与建设休闲观光农业项目，不能仅靠旅游搞“单打一”，而必须考虑其开发基础，包括自然条件基础、历史基础、市场基础、经济基础和农产品品种与产量等方面。

(5) 地方特色原则。现代休闲观光农业项目若要保证有较大的吸引力，必须注重发挥地方特色，挖掘本地特色资源，尤其是那些本地所特有的、吸引游客的项目，形成独一无二的旅游亮点，吸引全世界的游客。

(三) 经营模式

(1) 基于自然景观的休闲观光型发展模式。这种模式适合环境优美、分布于自然风景点（区）周围、借助原有的旅游业基础向外延拓展、目标市场可辐射多个大中城市的消费群。

(2) 基于农业产业的休闲观光型发展模式。这种模式更加适合特色农业产业比较发达的地区，它在原有农、林、牧、渔产业发达基础上拓展旅游业，其目标市场可瞄向近邻城市的消费群。该模式又有4种类型。

①农园采摘型。现代农园利用开放的果园、菜园、瓜园和花圃等，供游人入园观景、赏花、摘果和劳作，从中体验务农乐趣，享受田园风光。该类型休闲观光农业园宜分布于城市与乡村交错带上。

②森林旅游型。如果所在区域具有多变的地形、辽阔的林地、优美的林相及山谷、奇石、溪流等，则可以采取这种经营模式。林区的优美环境和洁净的空气成为人们放松心情、体验回归大自然情趣和进行休闲度假、以景养情、森林考察、避暑疗养的理想活动场所。

③休闲观光渔业型。在拥有丰富的水体资源的地方，例如池塘、鱼塘和水库进行观赏、垂钓、捕捞、游泳、游艇等水上休闲娱乐活动，也可以出租渔船和汽艇，让游客体验观赏、捕捞、垂钓，同时提供将游客自己捕捞的鱼虾进行免费加工的服务，使游客既享受了休闲的快乐又享受了美食，亲身体会渔家之乐。

④休闲观光牧业型。在有牧场和养殖场的地区，充分挖掘其中的旅游项目，例如放羊、骑马、给奶牛挤奶等活动，给游人提供参与牧业生活的风情乐趣。

（3）基于人文景观的休闲观光型发展模式。如果该地区有很多的名胜古迹，或者民俗民风浓厚，具有鲜明的农村特色地域文化内涵，则可以将其目标市场定为异地的消费群。该模式可选择具有地方或民族特色的村庄稍加整修，发展以“农家乐”为主题的新兴旅游、休闲度假观光农业园区，以农民家庭经营为基础，以田园风光和农家情趣为特色，使游客真正体验以“乡村民间生活、参与农事活动”为主要内容的乡村民俗旅游。游客不仅可享受田园风光，感受民俗风情，还可亲身体验农家生活，亲事一些农田劳作，例如采果、摘菜、喂鸡、放鸭、垂钓、捕鱼，增长见识，满足人们回归自然、返璞归真的心理需求。

二、水网地区现代休闲观光农业园

（一）水网地区的特点

水网地区一般地势平坦、湖泊众多、沟渠纵横，最常用的交通工具是船。农业一般以种植水稻、油菜、水生蔬菜和饲养鱼、虾、水禽为主。

（二）发展模式

针对水网地区的特点，可以开展以下类型的休闲观光农业园。

（1）休闲度假型。主要是依托自然优美的乡野风景、环保生态的绿色空间，兴建休闲、娱乐、度假区域，为游人提供休憩、游乐、就餐、住宿等服务，满足游客“回归宁静自然、享受安逸生活”的消费需求。例如，在风景优美的景区附近，建造垂钓度假休闲区、园林花卉区、野禽养殖区等，集养殖、垂钓、餐饮、休闲、娱乐、住宿等功能于一体，让游客尽享生态自然之美、农家风情之乐。

（2）生态旅游型。以自然、生态、绿色的农业产业带和农业资源为依托，为游客提供休闲观光、赏景、采摘、游玩等项目，使人们领略到生态农业的自然情趣。例如，依托一些生态茶园、葡萄生产基地等，建成一些休闲体验型的现代休闲观光农业园。

（3）人文景观型。有效利用自然景观，充分挖掘当地丰富的人文资源，开展探幽、访古、赏景等休闲活动。例如，挖掘历史典故，利用一些古寺、古刹等历史遗迹建设生态园林吸引顾客。

（4）科技休闲观光型。兼顾农业生产、科技示范与科普教育功能于一体的新型休闲观光农业形态。通过现代科技和农艺技术的休闲观光和宣传、教育、示范、推广，向人们展示现代农业的风采。

（5）特色餐饮型。凭借其富有地域特色或独树一帜的特色农产品，以安全、绿色、新鲜为主，通过提供自产的蔬菜、家禽、水产品等，让游客品尝原汁原味的农家菜，体验淳厚的农家风情。例如，在湖畔建设餐饮垂钓中心，以本地水产为主打品种，同时可以在湖中小船上设计几个简易的餐厅，让顾客在休闲观光的同时享受美味的特产；让游客亲自参与劳作，例如捕捞、采摘、加工等，在劳动的过程中放松身心。

三、平原地区现代休闲观光农业园

(一) 平原地区的特点

平原地貌宽广低平，起伏很小，海拔多在200米以下。世界平原总面积约占全球陆地面积的1/4，我国平原面积约占全国总面积的1/10。华北平原、东北平原和长江中下游平原是我国的三大平原，平原地区面积广大、土地肥沃、水网密布、交通发达，是经济、文化发展较快的地方。历史上的四大文明古国都是从大河附近的平原上发展起来的。长江中下游平原素有“鱼米之乡”的美称。

(二) 平原地区现代休闲观光农业园的经营定位

针对平原地区的特点，可以在该地区开展以下形式的现代休闲观光农业。

(1) 农业主题公园。农业主题公园是以农业的某一领域为主题材，进行较大规模投资，以环境效益、社会效益为主要目的，打造某一区域以农业生态建设为亮点的建设项目。农业主题公园的运作要遵循以下原则。

①与城市的发展、绿化和美化相协调的原则。农业主题公园是城市功能设施的一部分，兼具有休闲娱乐、增加城市绿化、体现城市文化品位的作用。

②以农为题，不以农业为主业的原则。在现代都市人中，有很多恋农情结的群体。农业旅游对他们有特殊的吸引力，他们对农业历史、农业文化、农业环境、农事活动、农业产品都十分感兴趣，我们要为他们打造一片以农业为主题的圆梦绿洲。但注意不能建成农业生产基地，因为农业生产带来的脏、乱、臭等问题会造成对环境美感的破坏。

③健康环保的原则。在农业主题公园的规划上遵循健康环

保的原则，要尽量避免对生态环境的破坏，为游人提供健康、安全、环保的美好环境。

④农事活动寓于娱乐的原则。在每个时期都可以安排一些农事活动可增加景区的动感和游人的参与性，寓农事活动于娱乐之中，让游人在“过把瘾”的同时也享受到丰收的喜悦气氛。

（2）农业科普教育基地。农业科普教育基地是一种集兼顾生产、科技示范与科普教育功能于一体的农业经营模式。农学是一个综合大学科，专业门类繁多，内容十分丰富。农业科普教育，不但对农业工作者有帮助，对中小学生的生物课教学、科学课教学的实习，也有十分重要的意义。农业科普教育基地常在农业科研基地的基础上建设，利用科研设施作景点，投资不大。在农业科普教育基地的开发规划中，要遵循如下原则。

①知识性原则。尽可能把基地的一草一木都变成知识的载体，将其系统化、科学化、人性化，使参观者在这里可以得到全方位的农业知识和生物知识的熏陶。

②科技性原则。把农业科技、环境科技、生物科技等领域的新成果、新创意和新方法都表达展示出来，特别是对当地农业生产有指导示范作用或对中小学生有教育意义的基础性科技、综合性科技知识。

③趣味性原则。寓学习科技知识于娱乐之中，通过看、听、摸、参与，提高游人学习的兴趣，使科普教育与休闲娱乐有机结合起来。

（3）大型农业生产基地。有先进生产水平的、较大规模的农业生产基地，自身隐含着较高的休闲观光游览价值。广袤的田野、大群的牲畜、食品的生产流程等，都能让游人流连忘返。同时，休闲观光旅游活动对农业生产基地的宣传、产品的推广也有帮助，相得益彰。

大型农业生产基地确实具备旅游的价值，对其规划和经营必须遵循如下原则。

①以农业生产为主的原则。以生产效益为主要目标，利用现有的生产项目开展旅游，在旅游线路安排和景点设置上以不影响生产为主，适当合理安排游客服务设施和辅助景点的建设，要使旅游和生产互相协调。

②旅游促进农业生产的原则。在旅游取得直接效益的同时，充分利用游客这一群体，对企业的产品进行宣传推广，通过门票、导游图、游客用餐、抽奖、纪念品、网络等环节，宣传推广产品和企业理念等，获得促进生产的间接效益。

③提高农业机械化水平的原则。要让游客感受到大型农业生产基地的机械化实施优势，体验现代农业的产业化、现代化水平。

(4) 特色农业基地。特色农业不同于一般的农业，作为旅游休闲观光园的看点，就必须满足游人求“特”、求“新”的要求。特色农业有十分丰富的资源，包括地方特色、产业特色、文化特色等。对特色农业旅游项目的规划，要把握好如下原则。

①突出特色的原则。特色农业旅游，追求的就是特色，只有特色突出，景点才能有魅力。地方特色的项目，可以从特色的人文风情、特色的自然景观、特色的农业环境去规划；产业特色项目，可以从产业的渊源、产业的发展、产业的知识等方面去规划；女化特色的项目，例如少数民族农耕、客家农耕、潮汕农耕习俗等，要多从该地方或民族的农耕文化、特殊农具、特殊农事、农业丰收庆典方式等方面去规划。

②延长产业链的原则。要发挥特色农业的特色优势，使农业产业向第二、第三产业延伸，相互结合，造就具有特色优势

的第二、第三产业。

③安全原则。特色农业旅游项目一般都在边远偏僻的地方，而且项目范围相对较大，甚至是没有边界的，游客和旅游设施的安全问题应作为重要因素在规划中加以考虑。

(5) 农家游。最经典的农家游是城市人到农村去与农民同吃农家饭、同住农民屋、同干农业活的“三同”旅游方式。这是由农民提供或出租耕地，让游客参与耕作，种植花草、蔬菜、果树或参与经营家庭农业。其主要目的是让游客体验农业生产的全过程，享受由播种、管理到收获的农作乐趣并得到一定的农业收入。经过若干年的发展，农家游已成为许多都市人利用双休日去消除身心疲劳、逃避都市烦嚣的一个常设旅游项目。品尝田园美食、观赏田园风光，花费不多，既休闲又健康。投资不大，接待成本低，游客的花费较少。

农家游一般都是根据各地的民俗，其规划和经营需符合如下原则。

①入乡随俗的原则。各地农村都有各自的劳作和居家生活特点，农家游是在一般家庭生活方式的前提下开展的，游客自觉或不自觉地按照当地农家的生活习俗来度过愉快的假期。

②淳朴真诚的原则。由于传统农民生活在相对封闭、保守的环境下，使他们对新潮的生活方式了解相对滞后，自然地表达出淳朴与真诚，这也正是疲于紧张生活的都市人所向往的。

③绿色生活的原则。农家游的吸引力在于原生态的田野氛围和农家气息，绿色生活、绿色生产与和谐的社交环境等。无论是食、住、行、游、购、乐，还是生产和生活，都要维护绿色的生活方式。

四、城郊现代休闲观光农业园

伴随城市化快速发展过程产生的噪音污染、交通拥挤、视野狭窄、绿地减少等不断恶化的城市环境，给城市居民生活带来了各种问题。为缓解这种状况，近年来全球兴起了在城市郊区发展现代休闲观光农业的热潮。现代休闲观光农业园是通过优美的农业自然环境及其相应的农、林、牧、渔业的生产过程和农业农作物，吸引城市居民前往参观、参与、购物和游玩的新型旅游基地。

第八章　现代观光农业园区建设

第一节　现代观光农业园区的规划

规划原则是整个规划设计工作的纲领。尽管各个园区的具体条件有所不同，每一个园区应用的规划原则可能存在一些差异，但是我们可以根据现代休闲观光农业的特点，把握一些共性。

一、因地制宜原则

因地制宜是普遍适用的原则。农业是强烈地受制于地域自然环境的行业，在引进新品种、新技术时，一定要慎重考虑自然条件的适应性。现代休闲农园的规划设计应以当地自然生态农业景观为中心，突出自然环境、民族气息、历史文化特色，因地制宜地开发旅游产品，科学合理地设计旅游路线。特色是休闲农业发展的生命之所在，越有特色其竞争力和发展潜力就越强，因此，园区的建设要与实际相结合，明确资源优势，保持其垄断性地位。

二、以农业为本、“农游”结合原则

休闲农业的特点是农业与旅游业相结合，农业资源的妥善应用，是现代休闲农园经营的基本生存条件。坚持以农业为本、“农游”结合的原则. 可以协调各种效益的关系。

以农业为本、“农游”结合营造的环境、景观，设计的体验活动与饮食是休闲农业的比较优势之所在，是核心竞争力的构建基础，也是取得良好经济效益的可能途径。休闲农业园区要通过两者之间的相互带动，达到经济、环境、社会三大效益的统一。

三、兼顾综合效益原则

综合效益，尤其是社会和环境效益是政府所追求的目标，也是政府制定扶持政策的依据。

经济效益是项目经营业主的主要目标。但休闲观光农业与纯农业经营有所不同，生态环境质量是旅游吸引力和竞争力的主要基础，维护好经营场所和周边的生态环境质量是实现经济效益的前提。这样，企业、业主、政府的生态环境目标就可以达成一致。

游客在休闲活动过程中是流动的，他们在活动过程中必然要接触周边乡村的人群，使用公共服务设施。休闲农业不像工业化的纯农业可以在一个围墙内完成生产经营，经营的成功与否很大程度上取决于周边社会的支持和协同。为周边社区创造社会效益也是项目成功的保证。例如，在“绍兴香雪梅海”园区规划和设计时，我们把提高青梅的综合效益放在首要地位，将园区建设成为集休闲观光旅游、度假休闲、文化科普娱乐、生产与环保为一体的风光优美的生态农业园。规划的指导思想是从生态学和生态景观出发，充分利用当地的自然资源、农业资源和文化资源对青梅产区进行合理布局，同时将这些资源融入高效农业的生产过程中，从而创造具有高生产率的、环境优美的可持续发展的生产区和旅游区。

四、突出乡土性原则

对于旅游市场，与城市环境具有差异性的休闲空间和美丽景色是吸引游客的重要来源，休闲观光农业项目一般缺乏高品级的休闲观光资源（否则已经开发成风景名胜区等），其生产、生活、生态三位一体构建的乡土性休闲空间和场景才是核心竞争力之所在。乡土性越明显，与城市的差异性越大，休闲观光农业的竞争力就越强，对城市居民的吸引力就越大。

从本质上看，休闲与旅游还是一种生活形态，休闲农业提供的是一种与城市不同的农业社会与环境，提供怀旧、回归、新奇、放松等体验。我们在做设施设计方案时要充分利用当地的乡土元素，尽量采用当地传统民居建筑风格；绿化树种的选择大多采用乡土植物，保持原有农业文化形态。

五、适应市场与创造市场相结合的原则

休闲观光农业作为一种旅游产品，当然要适应旅游需求市场，提供给旅游消费者一种实际效用，满足人们的某类消费动机。但仅仅被动地满足消费者还是不够的，一项成功的产品规划设计需要主动地创造市场。休闲观光农业在我国还属于发展初期，广大消费者还不是很熟悉，因此，主动地创造市场尤为重要。

六、以生态农业技术为支持原则

虽然休闲观光农业不排除现代化的设施种植、养殖技术，但不应成为主流。以传统精耕细作为基础的生态农业技术可以更好地将休闲观光农业的多个目标结合在一起，创造更大的综合效益。以生态农业技术为支持的生产体系能提供丰富的生物景观，承载更多的农耕文化，让游客更好地参与体验，保护与

优化生态环境，增加农民的就业机会，更好地与农村劳动力的技术水平相适应。吴江市苗圃就是典型的案例，同时达到了一个生态科技园的要求。

七、社区整体发展与各方参与原则

当一个休闲观光农业项目成为业主、周围村民、政府与专家的集体共生儿时，往往取得经营成功的可能性较大。在规划设计过程中，业主、政府与专家的想法与意见往往容易体现，而周围村民的想法与意见最容易被忽视。国外的成功经验表明，周围村民共同参与、思考与诊断建设方案，是项目成功开展的重要保证。

各方参与规划有利于跳出一个特定的园区范围来考虑，能更多地将当地文化、景观、生态等各方面的地方资源进行整合。产生一个地方整体发展的规划方案，使园区与当地社区关联，形成产业的丰富性与综合竞争力。

我们规划大部分项目时，都跳出了园区的地理界限，将当地旅游资源与旅游接待设施进行整体考虑，将农业与旅游产品的供给向园区外的农户延伸，以求取得综合发展的效果。在规划过程中，自觉地与当地农民交流，了解他们的想法，并吸纳他们好的建议。

八、尊重现状与产品创新相结合的原则

尊重环境、民俗文化的现状才能保持地方独特性和乡村性。尊重现状不是一切都保持原有状态，而是在进行旅游项目、设施规划设计与建设过程中要尽量保持环境的原生态特点，不能将民俗文化进行曲解与庸俗化。在活动设计时，应注重创新。例如，“绍兴香雪梅海”园区规划和设计，设计者尊重园区自然生态现状，并针对梅文化的延伸产品进行了大量的

创新；“山伢儿方案”则充分挖掘了竹文化及与竹笋关联的活动。

第二节　现代观光农业园区建设的项目设置

一、农业资源

（一）体验农产作业

供游客参与或观赏农产品经营之过程，享受收成之乐趣，或学习分级包装、加工、拍卖等农产运销活动。

（二）无土蔬菜园

无公害无土栽培是一种不用天然土壤，而使用营养液灌溉植物根系，或使用有机固态肥并直接用清水灌溉作物的新技术。无公害无土栽培出的蔬菜，其品质、色泽、口感均比传统种植的蔬菜好，且营养均衡。就休闲观光农业而言，无土蔬菜园对于参观者来说可以观察其生长与培育过程，还可以品尝、购买蔬菜产品。杨凌现代农业科技园示范区与烟台农博园无土蔬菜栽培的项目就非常成功。

（三）果蔬采摘

不同的季节来这里都可以体验采摘的乐趣，亲手采摘樱桃、番茄、水果萝卜、南瓜、黄瓜、猕猴桃、无花果、葡萄、桃子、梨、杨梅等各类蔬菜水果，收获丰收的喜乐。

（四）南瓜园

种植多种珍奇南瓜品种。南瓜形态各异，色彩丰富，既可食用，又可做家居摆设。珠海生态农业科技园的南瓜可谓该园的经典产品。

（五）菱角塘

利用滩涂、池塘等水体，开发构成典型的水生景观。不仅吸引游客采摘菱角，同时游客也可以参与划船的运动。

（六）番茄园

无土栽培，在温室大棚内多年生长，一棵可以结 1 万多个番茄，常年挂果，非常壮观，游人可以采摘和品尝西红柿的果实。

（七）组织培养馆

展示先进的植物克隆技术。游客可看到在无菌情况下移植组织及其培养过程，例如在实验室生产的微型玫瑰。

（八）藕园

荷花过后挖藕，可谓一箭双雕，资源的双重利用。

（九）市民农园

城市居民租用农地来耕作，用来种植花草、蔬菜或经营家庭农艺。农产品自己享用，不以盈利为目的。市民农园在德国、法国与日本很受城市居民青睐。

（十）农作物观赏栽培

以普通大田作物、蔬菜、药用植物等作为景观培育对象，把这些能为人类生活提供食物来源和特殊用途的农作物的生产环境改造演变为一种休闲观光的景观环境，使农作物的生产功能向休闲观光功能拓展。

二、特色自然资源

特色自然资源的项目设计有三个主要的出发点：一是感受主题风情。以特殊的自然资源主题作为造园设计的出发点，仿造出某种感官情境，让游客体验怀旧之情、异国情调或虚幻时空。二是欣赏乡野景观。透过漫步、骑自行车、夜游等方式，观赏景致，亦可聆听虫鸣鸟叫，与野生动植物共享自然之美。三是心灵舒压疗养。让游客通过听音乐、静坐、对话等活动，调养身心压力、陶冶性情。

（一）森林公园

（1）特定分收林。贩卖乡产林木的一半所有权，30 年后开发的利益由村民及契约者对分。对购买者发给证明，当其来此村度假时，可享受产物的折扣及赠送。

（2）百味果园区。不同的季节来这里都可以体验采摘的乐趣，亲手采摘樱桃番茄、水果萝卜、南瓜、黄瓜、猕猴桃、无花果、葡萄、桃子、梨、杨梅等各类蔬菜水果，收获丰收的喜乐。

（二）湖泊休闲观光

（1）观湖风景台。登上观湖台，美景尽收眼底。在观湖台上可品茶、聊天，静静体味这番意境。

（2）湖中泛舟。在碧波的湖面上，荡起双桨，远处是点点的青山，近处是依依的垂柳，拂面是凉爽的微风，让游客如畅游在画中。

（3）风车阵。巧妙地利用风力，实现自动提水和发电功能。不断更换的湖水，更利于鱼虾生长。风力发电还能提供楼房的照明。在蔚蓝的天空下，浩瀚的湖边，古老风车摇动着的不仅是悠古的情丝。

（4）水趣园。通常利用滩涂、湖面、水库、池塘等水体，开发具有参与、休闲观光功能的旅游项目，在这里游客可以体验摸鱼、划皮艇的乐趣。

（5）锦鲤池。水面清澈，锦鲤漂亮，观赏价值很高，人们可以亲近鱼儿。锦鲤池作为旅游休闲观光也是一道亮丽的水体景观，东莞市茶山金樱锦鲤场可谓典范。

（6）水族馆。可以展示来自不同地区的水族品种，例如叶海龙、草海龙、锯鳐、水母、章鱼、翻车鱼、鳖鱼卵、帝王企鹅等珍稀的水族。游客可以亲近动物，体验惊险刺激。

（7）垂钓中心。为都市人度假旅游或商贸洽谈提供重要的休闲娱乐场地。

（三）休闲观光牧场

（1）趣味牧场。展示各种宠物、名贵鸟类、稀有动物、家禽家畜，有鸵鸟、孔雀、鸡、鸭、鹅、猪等，游客可以给它们喂食，与它们拍照留念，了解它们的习性，体味其中的乐趣。

（2）示范奶牛。让游客与奶牛亲密接触，例如喂养奶牛、自行购奶、与奶牛合影，还可以接受科普教育，了解我们每日喝的鲜奶是怎样生产出来的。

（3）跑马。着戎装、跨骏马，在广阔的跑马场上，尽情体验驰骋的乐趣，展现豪迈的英姿。

（4）羊之家。典型的趣味养殖类项目，在园里喂养小羊，培养游客（特别是青少年）的爱心，培养人与动物和谐相处的情操。

（5）小猪运动场。游客可以与小猪亲密接触，可以观看小猪赛跑与竞技表演。

（四）温泉疗养

温泉水富含硫黄、钙、镁、钾、钠、银、铁及少量放射性的钍、镭、氡等30多种有益人体健康的元素。蒸浴过程中，随着室温的升高，体内毒素随汗液排出的同时，这些有效元素通过辐射进入体内，从而起到治疗保健、益气防衰、保肝健脾、解毒消肿的功效。其中可有涌泉池、冲浪池、日光浴、干蒸、桑拿湿蒸等。

三、民俗文化活动

民俗文化活动有助于游客参与地方文化，体验农村的人文生活、享受童玩乐趣、制作手工艺品、探索地方的历史古迹、认识乡土的民俗节庆等。

（一）农业园节庆

园区主人根据自己的经营卖点，把某一时段设为园庆时间。在节庆时间举办一系列活动吸引游客前来，扩大本园的知名度。例如南京江心洲一年一度的葡萄节。

（二）民俗馆

展示当地的农耕文化和民俗文化，提供乡土文化教育的场所。馆内摆设古时候人们生活、生产所用的器物，例如椿糍粑用的石臼、翻地用的铁犁、取暖用的火笼等，并且民俗馆还提供民间传统文化表演的舞台，游客可以参与表演。展示各种生活、生产用具，例如碾米、舂米、风车等用具。营造一种原生态环境和文化氛围，例如游客吃到的特色食物全部手工制作，让游客体验碾子碾米、石磨豆腐等乐趣。

（三）水车

是古代劳动人民用来进行田地灌溉和引水的劳动工具。最新设计和研制的水车，设备造型庞大，宏伟壮观，是集观赏与美化环境于一体的娱乐设施。

四、配套服务设施

配套设施与服务类项目是园区不可缺少的要素，为参观者提供必要的方便，能够体现一个园区的服务质量和展示其形象，主要有以下项目。

（一）停车场

交通道路的连接点，道路设计的起终点，是道路设计必不可少的一个组成部分。依据游客数量和园区实际的经营规模设计大小。

（二）特产小卖部

园区生产销售的产品经过加工、包装的，达到珍、奇、特的效果。

（三）快餐厅

休闲观光农业园区不可空缺的项目，不仅对游客提供餐饮服务，解决内部员工就餐的问题，还可以宣传当地特色饮食，形成品牌特色。

（四）游客接待中心

建筑设计要尽量体现农园的特色，并能与周围环境相呼应。主要功能是门票出售、景区管理和游客投诉。

（五）参观游览车

为了让游客玩得更畅快，园内可配置双人自行车、三人自行车，另外再增加休闲观光车，这样游客从一个景点到另一个景点就更方便。

（六）特色农家餐

供游客享用当地的风味餐饮及加工后的农特产品，游客也可亲手制作简易的甜点小吃。

（七）休闲茶室

在园内玩累了，可以到休闲茶室里品品茶、尝尝各种小吃、下下棋、聊聊天，补充精力、放松身心。

（八）医务室

针对园区游客与内部员工突发事件而配备，是必需的配套设施。

（九）客房

提供度假木屋、营地帐篷、农家别院等，供游客休息过夜，享受乡村生活的宁静与悠闲自在。

（十）园艺超市

在这里可以买到园内自产的各类时令果蔬及各类果酱、工艺品、园艺产品、旅游用品等。

（十一）果酱作坊

为了增加水果的经济附加值，可将其加工成果脯、果酱。游客在作坊内可以自制果酱，完成后可以自己享用。

五、体验娱乐活动

（一）植物迷宫

不仅能供人游乐，给人心旷神怡的清新感以缓解人们的精神疲劳，还能起到绿化和改善环境的作用，为游客提供学习生态植物知识的科普园和休闲娱乐的好去处。植物迷宫通常造型多样，纵横交错，四通八达，外形美观。一般在通道间配置多种花木景观以及亭台楼阁等，增加游人在迷宫中逗留时间。

（二）森林球场

本项目布局可以简易，但是对地形地势的要求高。

（三）趣味桥阵

集青少年体能与心理训练为一体的活动项目。在寓教于乐中训练青少年体魄，培养大胆心细、勇敢智慧、坚韧不拔和团队协作的精神。

（四）户外健身运动

水池、草地、游憩设施与各类活动广场，可以在其间从事戏水、划船、打球、体能训练、射箭、骑马等活动。

（五）水上步行球

集游乐、健身、竞技于一体的高雅运动，可以让游客零距离领略到水上运动的乐趣。同时，通过在水上步行活动锻炼，极大地提高身体的平衡能力、动作协调能力。水上步行球直径从1.8~4米不等，总体积达到3立方米以上，可以承载超过3吨的重量。现代高科技的技术保障，使游客可以大胆地体验现代时尚游乐带来的乐趣，感受水上行走的无穷魅力。

（六）儿童乐园

在园内，小朋友们可以找到属于自己的天地，大型的组合式的儿童乐园可以让孩子们尽情地玩耍。

（七）滑草场

浓郁的大自然气息，春夏绿草如茵，空气清新，秋冬金黄色的草坪，让您感到煦煦暖意，是一项集健身和娱乐于一体的健康运动。

（八）烧烤园

位于园区内场地宽广、空气清新的区域，将烧烤与大自然有机融合，深受城市居民的喜爱。

六、科普教育活动

为游客提供生态解说、环保概念、野外求生知识与技能的学习活动，也包括展览馆的静态教学和动态导览。活动设计将农业生产和教育相结合。

（一）瓜豆知识长廊

各种瓜果、豆科爬藤类植物架起的知识长廊，不但可为游客遮阴，提供休息的地方，还可以为游客提供科普认知的场所。

（二）生物实验室

一般对青少年游客开放，游客不仅能够明白生物是如何培育出来的，而且也可以自己动手实验。

（三）休闲学校

供小学生过团体生活，活动包括扫除及自然观察等。

（四）科普馆

为参观者提供传授农业历史、生产文化、农业技术等知识的平台，增强游客尤其是城市的青少年朋友对农业的兴趣和农业的认知。

（五）青少年之岛

以“不建设施”的开发方式，让青少年居住于偏僻乡村的空房内，体验无自来水、无电的生活。

第三节　园区布局的功能分区

生态农业休闲观光园是以农业休闲、观光功能为主，兼有度假、文化娱乐、体育运动等多功能的综合性游览区。按其不同的性质和功能进行空间区划，可划分为四个分区。

（一）观赏区

由观赏型农田带、瓜果园、花卉苗圃、珍稀动植物饲养场构成，使游客身临其境，感受真切的田园风光和自然生机。

（二）示范区

由农业科技示范、生态农业示范、科普示范构成，以浓缩的典型农业模式，展示特色农业生产景观与经营模式，传授系统的农业知识，使游客增长教益。

（三）休闲体验区

由当地乡村民居、乡村活动场所构成，营造游客能深入其中的乡村生活空间，使游客参与农耕活动，学习农作物的种植技术，农产品加工技术以及农业经营管理等，体验农村生活。

（四）产品区

由可采摘的直销果园、乡村工艺作坊、乡村集市构成。让游客充分体验劳动过程，自采自制自买的方式亲身体验农产品制作过程，并购买乡村旅游产品，推动乡村经济发展。

第四节　园区道路规划

一、外部引导线规划

农业休闲观光园外部引导路线的长度是至关重要的，根据游人乘坐机动车行进的心理感受，以及徒步行进的心理体验，农业休闲观光园的标志物最好在距离它几千米之外就出现。如果条件所限，至少在 1～3 千米处设置休闲观光农园的标志，每隔 300～500 米应该有大的形态上的节奏变化，形成重复或渐变的韵律美。而距离休闲观光园 500 米之内，是进入园内之前最关键而微妙的一段路程，可以采用突变式的美学构成法则，给游人留下深刻且向往的印象。

二、出入口规划设计

农业休闲观光园的出入口，是游客到农园来的第一个高潮，也是能否吸引游人前往参观游览的重要因素之一，其重要性显而易见。出入口可以分为主要入口、次要入口和专用出入口三种。

（一）主要入口

农业休闲观光园主要入口的选位要得当，与城市主要干道、游人主要来源方位以及农业园用地的自然条件等诸因素协调后确定；为了突出主入口的景观效果，还应选择易于被发现、风光秀丽、少风向阳的位置。

（二）次要入口

农业休闲观光园为次要干道的客流服务还应设置辅助性的次要入口，同时为园区周围农民提供方便。次要出入口设在园内有大量人流集散的设施附近。

（三）专用出入口

专用出入口是根据园区管理工作的需要而设置的，为方便管理和生产及不妨碍园景的需要，应选择在园区管理区附近或较偏僻不易为人所发现处。

三、内部道路规划设计

农业休闲观光园的内部道路是其骨架和脉络，是联系各景点的纽带，也是构成园景的重要因素。旅游道路的规划，主要考虑客流量，根据接待能力的估算值来确定道路的承载能力，确定道路设置的宽度、景观安置等内容。农业休闲观光园的内部道路设置与城市公园大体相同，包括主要道路、次要道路及游憩小路。

内部道路在规划时，不仅要考虑对景观序列的组织作用，更要考虑其生态功能，例如廊道效应。农田群落系统往往比较脆弱，稳定性不强，在规划时应注意其廊道的分隔、连接功能，考虑其高位与低位的不同。

农业休闲观光园道路的特色在于路线的形状、色彩、质感都应与周围乡村景观相协调，突出“土”的特色。游憩小路是园区的线性景观构成要素，在形状上应以自然曲线为主，依地势高低起伏抑或以田垄为基础，勾勒出农田的脉络，反映农业文化。游憩小路可根据情况不作铺装，展现农村朴素的乡野气，同时有利于雨水的自然渗漏，保护生态环境。

第五节　园区景观规划设计

休闲农业展示的景观应突出自然、生产、生活相协调的生态美。生态美学原则是景观规划设计的首要遵守原则。生态美学包括自然美、生态关系和谐美、艺术与环境融合美。生态美有三个特征：生命力、和谐、健康。

对休闲观光农业园区来说，自然与人工培育的生物共同构建的生态系统景观是主题，其他则是辅助，应与生态系统景观相协调。

景观布局应符合生态原理，并与经营管理的要求相融合。既要考虑水平与垂直的格局，也要考虑时间的变化。包括农田种植美化的构图与季相变化，道路河流的线状景观营造，田缘线、植被冠线的控制，接待服务设施周围景观的营造，农业生产与体验活动结合区的景观修饰，生产、体验活动元素的人和动物与整体景观的匹配，周围景观的借景与协调等。

空地可能是自然留下，也可能是为了生产与体验活动有意留下。空地的大小尺寸应符合标准，尺度过大，会影响景观的欣赏；过小，景观的开朗性就表现不出来。根据景观与视角的关系，当闭锁空间的仰角从6°起，风景价值逐步提高，13°是最佳，超过13°以后逐步降低。设计田间空地时，植株的高度与草地（或水面）的直径比例（1∶10）~（1∶3）为宜。

第六节　园区水系规划

休闲观光农业园的水体除了造景功能外还具有生产和生活功能，需要通过系统的规划使各项功能之间互不影响，并形成可以循环利用的可持续发展模式。园区内的水体往往与园外的自然水系或农业灌溉水系相连，因而在利用的同时应注意保护水质，并注意节约用水，不影响农业生产的用水需要。

（一）水系规划设计标准

休闲观光农业园中的水系规划设计应着眼长远，立足当前，要因地制宜，既讲究实效，又注重景观效果。以建设水利基础设施为核心的农田、林、路、渠、塘等全面规划，综合治理。应做到“高起点、高标准、高科技、高效益”。

（二）水系规划的内容

（1）骨干渠路的布局。对区内的地形、地貌、土质、种植结构、现有灌排水系、交通、电力等方面作全面详细的调查，在充分分析论证的基础上，根据规划区的特殊条件设置水源、干渠、支渠、排洪渠。

（2）地块间工程规划。应遵循有利于排灌、机耕、地块间管理和不影响地块间作物光能条件的原则进行渠、路、林的配置，同时要节省工程量，少占耕地。

①应避免出现三角地，力求田块整齐，便于轮作及机耕，同级渠道互相平行，上下级渠道互相垂直。

②按照高田高灌、低田低灌、肥水不出田的要求，规划排灌渠系，达到灌排分开，独立门户，自成体系，灌排相间布置作业道。

③合理安排地块间生产路的宽度与密度，充分考虑田间作

业半径、线路的循环，沿着斗农渠布置。

（3）渠系建筑物规划。

①园区内渠系建筑物应配套齐全，其布局、数量、类型在满足安全运行、便于管理的前提下，力求做到工程处数少、工程量少，既保证园区内交通方便，又满足排灌要求，充分发挥投资效益。

②园区内河网纵横（干、支渠），河流交错，且地势低洼，每个格田要没有独立的进出水口。建筑物应力求技术先进、结构精巧、造型美观、安装简单、造价低。

（4）平整土地、格田成方。平整土地、格田成方是建设高产、稳产农田，实现农田水利标准化和农业机械化的重要条件，不仅可以提高耕作水平，还对改进灌水技术、提高灌溉水利用系数起到促进作用，同时可改良土地，扩大耕地面积。

（5）应用新科技，提高用水科技含量。在园区建设中可推广应用新技术、新方法、新科技，走节水灌溉新路子，把园区建设成节水灌溉示范区。面积相对大的园区，可将园区划分为节水灌溉区、喷灌区、微灌区、滴灌区、智能灌溉区等几大功能区。

渠道防渗是目前应用最广泛的工程节水技术。为了防止边坡塌陷，可采用砌石护岸的办法，对断面较小的地块渠采用预制、现筑相结合的混凝土 U 形槽衬砌。因为 U 形混凝土防渗渠道接近“最佳过水断面”，输水能力强，占地少，受力条件好，工程造价低，美观坚固。

此外，必须强调在进行水利规划时，一定要与农业技术措施规划密切结合，最后才能达到节水、增产、高效的目的。

第九章　现代观光农业园的服务管理

第一节　休闲观光农业人力资源管理

人力资源（Human Resources）是休闲观光农业园区或农家乐经营单位最基本、最重要、最宝贵的资源。以园区为例，园区企业经营管理实质就是对“人”的管理，通过组织人员来使用和控制园区的其他资源——土地、资金、信息、时间、形象和口碑，从而形成休闲观光农业园区的服务接待能力，达到经营的预期目标。人力资源管理的主要工作包括以下几部分。

一、明确园区的组织结构及职务设置

为有效地进行人力资源管理，首先应进行人力资源规划工作，规划可以邀请专家、学者或专门机构进行编制。

若为了节约规划成本，可以首先将园区的工作进行分解，确定组织管理层次，设置各类职位，并赋予各职位应有的管理权利与义务。休闲农场经营者的职务为董事长，各部门相应的职位为部门经理。当然，各个园区要根据实际情况建立组织机构、定岗定职。

二、招聘与选择员工

（一）招聘人选应具备的条件

根据履行各岗位所需知识、技术和技能等方面的要求，确

定拟招聘人员应具备的资历、经验、年龄、技术、能力等条件。

(二) 招聘途径的确定

员工招聘有多种途径，主要有内部招聘、社会公开招聘、从学校毕业生中招聘。内部招聘一般是用来填补岗位空缺，适用于中高层管理人员的招聘。外部招聘适合于基层岗位的补缺。而招聘大专院校的毕业生，则可以增加专业管理人员，引进、补充新生力量。

(三) 招聘员工的选择

不同岗位有不同的选择标准，除了将招聘人员应具备资历、知识和技能外，还应将工作动机、态度、仪表仪容、性格等方面作为员工的选择标准。选择方式一般采用审查档案、笔试、面试等手段。

(四) 试工

试工的目的在于了解、审查受聘人员的实际工作能力和态度。试工期一般为 3~6 个月。试工期要对新受聘人员进行定期的成绩评估，以便确定是否正式录用。

三、培训员工

(一) 培训的种类

分为岗前培训、岗位培训、工作模拟训练三种。

(二) 培训方式

开班授课、会议研讨、现场观摩等。

(三) 培训内容

针对培训对象的不同，所开展的培训内容也各不相同。休闲观光农业园区的服务人员一般需要培训的知识及技能包括相关法律法规、旅游基础知识、服务礼仪常识、餐厅服务、客房服务、前厅及前台服务、导游解说、营养卫生常识、烹饪技术、卫生保洁技能、消防安全、网络信息技术等。

四、员工劳动报酬管理

安定有保障的生活是每个员工的共同追求。因此园区的经营者应制定合理的薪酬制度，调动员工积极，减少员工流动，提升士气，从而提高园区的经营效益。员工的劳动报酬包括工资、奖励、津贴和福利等。

五、员工考核、激励管理

对在职员工进行定期考核，可以了解员工的工作效率及态度。考核的结果作为园区管理者对员工进行奖惩或调整的依据。考核的项目一般包括工作态度、工作业绩、道德品行、协调能力、执行能力、学习能力等。园区管理者可以通过奖赏或惩罚两种方式对员工进行激励。

第二节　休闲观光农业设施管理

园区的设施是指构成园区固定资产的各种有形物品。不同类型的园区设施的数量、类型有较大的差异。如休闲农场的生产区和服务区，其设施类型、数量和分布密度可能较大。设施是园区提供旅游服务、进行经营活动的生产资料，是园区提供休闲和服务的物质基础和重要依托。休闲农业园区的设施管理（Facilities Management）工作包括规划管理、配置管理和维护管理。设施管理工作是在园区资源种类、数量及分布的调查基础上，根据调查结果预测未来园区的发展情况，规划各阶段的设施需求。设施配置管理工作（前期管理）是根据设施规划管理工作的结果，以及现阶段开发的设施数量、设施组合及估算各设施使用情况等因素，对各项设施进行实际配置，以使园区各项设施发挥最大的价值。园区设施的维护管理（服务期管理）是设施投入后所做的维护和保养工作。

一、设施的分类管理

园区设施类型多样，根据其用途，可分为基础设施、服务设施、娱乐游憩设施、农业生产设施四个大类。根据性质和功能，还可划分为不同的类别见下表。

表　休闲观光农业园区的设施分类

类别	内容
基础设施	道路交通（车行道、停车场、游步道）、电力通信、给排水、绿化环卫设施
服务设施	接待服务设施：餐饮、食宿、商业服务设施
	导游服务设施：各种引导标示、解说设施
娱乐游憩设施	附属接待服务设施：歌舞厅、会议室、健身房、瑜伽馆、水疗馆、保龄球馆、茶室、棋牌室、游泳池等娱乐康体设施
	散布于体验区内的设施：漂流设施
农业生产设施	主要位于农业生产区的设施：高科技温室、灌溉系统设施、农业生物环境自动检测与计算机控制设施、农耕用具、养殖设备等

资料来源：吕明伟，孙雪，张媛. 休闲观光农业规划设计与开发［M］. 北京：中国建筑工业出版社，2010.

在休闲观光农业的基础设施建设中，改善交通条件是很重要的一环，交通便利不仅可以促进整个休闲观光农业的发展，而且对整个经济发展都会产生很重要的影响，可称之为基础建设的重点。如为发展三圣乡的旅游业，四川省成都市锦江区各级政府共投入近 2 亿元用于修建道路，建设小型污水处理厂和补助农户改造房屋等。同时，像医院、宾馆等配套设施是休闲观光农业发展中的保障因素，这个跟不上直接会影响整个产业的发展。因此，休闲观光农业项目建设不仅要让交通等基础设施跟上，农产品卫生、餐饮住宿等条件也要跟上，以方便游客的生活。

二、设施的分期管理

园区的设施管理按时间序列分为前期管理、服务期管理和更新改造三个阶段。

（一）前期管理

园区设施的前期管理包括调查研究、项目规划、购买安装和调试三个部分。做好设施的前期管理工作，可以为今后设施、设备的运行、维护、维修、更新等管理工作奠定良好的基础。

（二）服务期管理

园区从开始接待游客起，其设施也就投入服务，服务期的设施管理主要工作是日常维护、保养及修理。

服务期管理的基本要求：第一，合理安排设施的负荷率，如载客的游艇、缆车等，应严格按各种设施的技术性能和负荷限度来安排运营，超负荷运转不但会损坏设施，而且会留下安全隐患。第二，设施设备的操作，要配备专职的操作和管理人员。第三，建立健全使用、维护、保养规章制度。第四，为设施设备的运行，提供良好的工作环境和条件，延长使用寿命。

（三）更新改造

随着科学技术的进步和旅游需求的不断变化，园区设施要不断地进行更新改造。更新是指用经济效果好，技术先进、可靠的新设备替换原来经济效果差、技术落后的老设备。改造是指通过采用先进的技术对现有落后的设施设备进行改造，使其提高节能效果，改善安全和环保特性。

第三节　休闲观光农业服务管理

休闲观光农业园区提供或生产的服务具有很高的综合性，涵盖了食、住、行、游、购、娱的方方面面，而且各个园区由于所规划建设的项目各不相同，在服务组合上也都会形成自己的风格和特点，不会千篇一律。总体而言，一般园区都会提供生活月艮务（住宿、餐饮、购物等）、旅游入门接待服务（售票、咨询、集散等）、导游服务、旅游活动服务等。本书将从餐饮、住宿、解说等基本服务角度阐述如何进行有效的管理。

一、餐饮服务管理

一般大中型园区都设有餐饮部，管理下属餐厅、快餐服务、酒吧、茶楼或烧烤营地等部门。各园区餐饮部的管理方法各不相同，有的是园区自设，有的是和外来单位联营，有的是出租房屋设施。休闲观光农业园区餐饮部的客源不稳定，应重点抓住游客高峰期的用餐管理。大众型园区客源波动性强，节假日、周末、大型娱乐活动期间客人多，其他时间客人少，有的部门甚至是季节性营业。因此，园区餐饮管理的重点是高峰期客人的用餐。在这一段时间里，要保证餐饮设施、服务人力和饮食材料与接待量基本相符，服务要安全、快速、准确。

餐饮是休闲观光农业主要的经营项目，餐饮收入是休闲观光农业获利的最要渠道之一。

休闲观光农业的餐饮服务应以提供乡土口味的菜肴为主，要具有地方特色。所谓餐饮服务管理是指在保证游客满意及企业经营盈利的目标下，为游客提供餐饮服务的计划、执行、考核的过程。餐饮服务质量的优劣直接影响游客的满意度，因此园区要非常重视餐饮服务的管理。

（一）餐饮服务的特征

（1）看不着。服务的无形性。

（2）留不住。时间、场景的综合。

（3）带不走。生产、消费、销售同一时段进行。

（4）变化多。制作者、服务员、客人的个体差异，制约因素众多。

（5）进入易，提升难。技术含量高低的幅度大，特色经营难。

（二）餐饮的作业管理

1. 餐饮作业流程

每一道菜送到客人桌前均需经过以下过程。

（1）采购、验收。建立完善的食品原料采购索证及验收制度，具备产品检验合格化验单。

（2）储放、发放。食物原料应有专属的主副材料存放区，应有机械通风设施，食物原料不得与有毒有害物品同库存放。

（3）加工准备。加工包括粗加工和烹调。粗加工间要分设肉类原料、水产品和蔬菜原料洗涤间或池，并有明显标示，加工肉类产品的操作台、用具和容器与蔬菜分开使用，并有明显标示，烹调间使用隔墙烧火炉灶或油气炉，安装有排气罩，排烟排气良好，菜间设二次更衣及洗手、消毒设施，配备空调、食品冷藏设施，配备专用工具及其清消毒设施。

（4）菜肴成品。经过加工，菜肴成品出炉，即可为顾客提供就餐服务。

2. 作业标准化

（1）配方标准化。

（2）烹饪程序标准化。

（3）建立标准采购规格。

（4）建立标准分量。

3. 餐饮经营成功因素

（1）卫生、安全。注意厨房卫生、原料清洁；就餐环境、就餐器皿卫生；厨师、服务工作人员个人卫生。

（2）建立持久性竞争力。建立独家口味、独特氛围；建立特有的餐饮服务系统；持续改进菜肴口味并且不断推出新菜品。

（3）稳定既有客源，并不断开发新客源。稳定既有客源：重视口碑效应，培养回头客。开发新客源：重视促销策划，做好回头客。

（4）降低餐饮成本，提高利润。做好餐饮成本分析，寻找降低餐饮成本的方法，创造提升餐饮利润的方法。

二、住宿服务管理

一般大中型园区均建有酒店、宾馆等设施，其利用园区特有的优美环境、地道的乡土文化和温馨的风土人情，为游客提供住宿、餐饮、康乐等服务。有的园区会别出心裁，建有乡村味道的住宿设施（如小木屋、竹楼、三合院等），体量不大，但外观内饰乡村特色鲜明，具有很强的吸引力。园区周边也常常有农民开办的农家乐，它是农民依托园区的客源，利用自己闲置的房间，经过改造或改建，形成家庭旅馆（台湾称民宿），主要为游客提供住宿、餐饮和休闲服务。本书对大型酒店的经营管理不做阐述，仅对民宿服务管理进行讲解。

（一）民宿经营的特点

1. 具有家庭功能

居住在农场或民宿，主要是有家的温馨感觉和主人浓厚淳朴的人情味。即使住的房屋不是金碧辉煌，但也优雅舒适。吃的是主人亲手栽种、烹调出的别具风味的乡村野菜，游客可以与主人一家同桌用餐，谈天说地。虽然没有饭店完善设施所带来的方便和舒适，但这就是现代社会都市人梦寐以求的“家”的味道。

2. 经营时间全天候

民宿的经营者不像旅馆业的服务员实行上班制，而是全天性经营。

3. 民宿经营不同于传统旅馆经营

民宿以提供干净、卫生的家庭住宿为核心产品，附加人性化服务；传统旅馆强调提供专业服务与设施。

（二）经营管理规划

1. 确定经营目的和动机

（1）副业经营或是主业经营。

（2）季节性经营或全年经营。

（3）独自经营或组织经营。

2. 市场环境调查

（1）顾客调差。性别、职业、收入、消费动机和消费习惯、团体或散客。

（2）同行业调查。附近的竞争者有多少？经营特色如何？经济效益如何？

3. 决定经营策略

（1）决定规模。

（2）营业策略，包括营业天数、时段，客房产品特色以及宣传促销策略。

（3）经营形态，是提供通俗化、简易服务、价格实惠的产品，还是高格调、高消费的产品。

(4) 服务方式，是提供标准化的服务，还是个性化、具有主人魅力的服务。

4. 选择营业场所

(1) 合法性。

(2) 依托资源或客源。

(3) 区位未来发展的潜力。

5. 资金筹措

(1) 自有资金，即个人所拥有的可变现资产。

(2) 银行借款，即向银行提出融资计划。

(3) 合资经营，即联合其他人员共同投资，共担风险、同享利益。

(4) 综合融资，即在投入自有资金的前提下，既向银行贷款也伙同他人合资经营。

6. 收支计划

收支计划须考虑基本的经营收支平衡，具体包括每天营业额、投资回报率、各项费用支出等。

(三) 民宿经营成功的关键要素

(1) 干净、卫生、安全的居住环境。

(2) 亲切温馨、诚恳朴实的服务态度。

(3) 健全的促销策略。

(4) 专业有效的经营管理。

(5) 融合农村资源，充分展现特色。

三、解说服务管理

解说服务管理是休闲观光农业最基本的管理事项。解说除了为游客提供园区基本的信息和向导服务外，还能通过解说自然和生态资源，增强体验项目的教育功能，强化游客对活动项目的感受。成功的解说系统能提高游客的满意度和忠诚度，加深游客的印象，而且还能成为园区促销的一种有效手段。

（一）解说方式

园区的解说服务系统包括人员解说和物化解说两种方式。

1. 人员解说

人员解说是指园区解说员、导游人员向游客进行主动的、动态的以信息传递为主的解说形式。包括咨询服务、导游解说、定点解说和现场表演 4 种方式。它的最大特点是双向沟通，导游或讲解员能够回答游客提出的各种各样的问题，可以因人而异提供个性化服务。由于导游或讲解员一般掌握较多的专业知识，信息储备量较大，但可靠性和准确性不确定，需要由人员的素质决定。不同的园区应该根据园区所在地的地域文化，民俗文化、园区的性质来开展解说活动。合理设计主要服务产品、园区景点的分布和游览时间等，探索不同的人员解说方式和游客组织形式，达到有利于园区资源环境的保护和游客最佳体验的获取的最终目标。

2. 物化解说

物化解说是指由书面材料、标准公共信息图形符号、语音导游等无生命设施、设备向游客提供静态的，被动的信息服务。它的形式多样，包括标牌、解说手册、导游图、语音解说、录像带、幻灯片等，其中标牌是最主要的表达方式，导游图册也一直非常流行。

不同的园区要根据其性质、特点，提供多样化的解说方式，供游客选择。在不同的情况下，侧重选择不同的物化导游方式。标牌、园区示意图、路标系统起到解说和引路的作用，是任何园区必不可少的。导游图册、门票上的园区示意图、语音导游等比较适合散客选择；录像、幻灯片等比较适合在游客中心、前往景区的交通工具、游客停留地点和游客事前教育中使用。

（二）解说原则及要领

（1）了解游客个人的经历及个性，掌握游客的第一兴趣。

（2）解说员要站在游客的立场，融入游客当中，从游客的角度看待事物。

（3）解说要以资料为基础，坚持科学准确的原则，忌胡编乱造。

（4）将解说视为一种艺术表演或技能展示。

（5）用启发式、体验式解说，代替传统的教导或背诵材料。

（6）解说要顾及整体性。

（7）解说员要注意礼貌礼节，妥当使用语气、词句、人称及肢体语言。

（8）对特殊的游客对象，要用特殊的解说设计、语言、语气及表达方法。

第十章　乡村旅游发展模式

第一节　城市依托型

城市依托型乡村旅游主要为满足城市居民渴望摆脱快节奏、城市喧嚣、交通拥挤、环境污染等“城市病”的需求，使其在城市近郊享受田园风光、自然风景和简单朴素的农家生活。

城市依托型主要是指“农家乐”形式的乡村旅游。“农家乐”一般位于大中城市近郊，具有良好的交通条件，旅游者能够在较短时间内到达，主要以浓厚乡土气息和独特自然风光为卖点，往往是以当地农村居民为经营主体，利用自家庭院、良田、鱼塘、农作物及周围的田园风光和地方资源为特色，吸引游客前来吃、住、玩、游、娱、购等。“农家乐”最早产生于20世纪80年代末，首先出现在特大城市的郊区，主要让游客通过“吃农家饭”“干农家活”“品农家茶”“住农家屋”等体验农家生活。随着城市化进程加快，许多中等城市，甚至小城市的近郊也开始兴办“农家乐”。目前，城市依托型农家乐有以下类型。①农业观光农家乐。利用田园农业生产及农家生活等，吸引游客前来观光、休闲和体验。②民俗文化农家乐。利用当地民俗文化，吸引游客前来观赏、娱乐、休闲，如四川省泸沽湖的民俗风情农家乐。③民居型农家乐。利用当地古村落和民居住宅，吸引游客前来观光旅游，如广西阳朔特色民居农家乐。④休闲娱乐农家乐。以优美的环境、齐全的设施、舒适的服务，为游客提供吃、住、玩等旅游活动。

第二节 休闲度假型

休闲度假型乡村旅游旨在满足现代都市人为了缓解工作和生活压力，利用假日外出使其精神和身体得到放松。为了给旅游者提供良好的休闲环境，此类型往往依托优美的自然风景、清新空气、温泉、生态良好的绿色空间，结合独特人文环境、地缘优势和便利交通条件，兴建一些休闲、娱乐设施，为游客提供休闲、度假、娱乐、餐饮、健身等服务。休闲度假型乡村旅游主要有以下几种类型。一是休闲度假村。以山水、森林、温泉为依托，以齐全、高档的设施和优质的服务，为游客提供休闲、度假旅游。二是休闲农庄。以优越的自然环境、独特的田园景观、丰富的农业产品、优惠的餐饮和住宿，为游客提供休闲、观光旅游。三是乡村酒店。以餐饮、住宿为主，配合周围自然景观和人文景观，为游客提供休闲旅游。

第三节 农业观光型

农业观光型乡村旅游是指以优美的乡村绿色景观和田园风光及独特的农业生产过程作为旅游吸引物，吸引城市居民前往参观、体验、购物和游玩。它是将观光旅游与生态农业结合在一起的一种旅游活动，它的形式和类型有很多，是以龙头企业为经营主体，以农业生态文化和农村生活文化为核心，通过规划、设计与施工，吸引游客前来观赏、品尝、购物、习作、体验、休闲、度假的一种新型农业与旅游业相结合的生产经营形态。它以农村田园景观、农业生产活动为旅游吸引物，开发农乡游、果乡游、花乡游、渔乡游、水乡游等不同特色的主题旅游活动，满足游客体验农业、回归自然的心理需求，农业观光型乡村旅游主要有以下几种类型。一是观光农园。在城市近郊或风景区附近开辟特色果园、茶园、菜园等，让游客入内摘果、采茶、赏花，享受田园乐趣。二是农业公园。按照公园的经营思路，把农业生产场所、农产品消费场所和休闲旅游场所结合为一体。三是农业科技游。以现代农业科技园区为重点，开放园区高新农业技术和品种、温室大棚内设施农业和生态农业，使游客增长现代农业知识。四是务农体验游。通过参加农业生产活动，与农民同吃、同住、同劳动，让游客接触实际的农业生产、农耕文化和独特的乡土气息。

第四节 文化旅游型

乡村文化旅游是以乡村民俗、乡村民族风情以及传统民族文化为主题，将乡村旅游与文化旅游紧密结合的旅游类型。它有助于深度挖掘乡村旅游产品的文化内涵，满足旅游者文化旅游需求，提升产品档次。它以民俗历史文化气息和乡村的青山绿水为主题，凸显农耕文化、乡土文化和民俗文化特色，形成融文化、民间技艺、民俗、节庆活动、乡土气息于一体，兼具观赏性、娱乐性和参与性的休闲度假旅游目的地。例如，四川省古蔺县的花灯表演。古蔺花灯是自唐朝以来盛行于古蔺县境内的一种民间歌舞，距今已有近千年历史，花灯小品《醉花灯》、花灯歌曲《灯闹永乐》深受当地居民喜爱，作为每年春节和元宵节的传统节目，古蔺花灯在当地人心中占有不可或缺的精神文化食粮的地位。古蔺永乐镇依托花灯特色的民俗舞蹈，开展乡村文化旅游，花灯节开幕式后，依托永乐镇千亩柚子、千亩枇柑、万亩甜橙、酱酒园区、环境生态等资源优势，还办有鲜果采摘活动、“百姓大舞台”歌手大赛、垂钓比赛、原生态花灯展演、农特产品和酒业展销活动等。

第五节 景区配套型

景区配套型乡村旅游主要依托著名景区，目标顾客是景区的游客，游客在对景区的自然风光和良好的生态环境体验之余，会产生对周围村庄的田园风光和农家生活的派生需求。为了满足游客上述需求，产生了景区配套型乡村旅游。景区边缘地带是我国开展乡村旅游最早的地方，景区附近农村居民依托旅游景区游客市场，发展特色农业、养殖业、种植业，以规模化接待为主，对土地成片开发，开展具有观光、学习、教育等功能的乡村旅游，突出乡村生产生活的民俗旅游活动。把附近旅游景区（点）的部分服务功能分离出来，吸引周边农民参与旅游接待和服务，并融入一些乡情活动，从而促进农民增收致富和周边乡村发展。

第六节 古村落依托型

中国古村落保护与发展委员会认为，中国古村落是指那些已经有五六百年以上历史的村寨。古村落模式是指以浓厚的古村落文化和特色古村落建筑为核心吸引物，以保护为主，因势利导开发旅游，促进乡村发展的一种模式。古村古镇旅游是当前国内旅游开发的一个热点问题，也是乡村旅游体系中一个比较独特的类型，以其深厚的文化底蕴、淳朴的民风和古色古香的建筑遗迹等特点受到游客的喜爱。但是，旅游开发中保护与开发之间的矛盾，传承与商业化之间的博弈等，也给景区发展带来了诸多限制。因此，古村古镇旅游要实现高效、可持续发展，需要探索出一条既最大限度保持历史文化面貌，又能弘扬传统文化，充分发挥旅游经济效益的发展模式。我国古村古镇的保护和开发始于20世纪80年代，这个时期主要以江苏省昆山市周庄和安徽省黟县西递村为主。20世纪90年代，在长江三角洲、皖南地区、江西吉安地区开始初步形成古村古镇的保护和开发群。1999年，联合国教科文组织第二十四届世界遗产委员会上，将西递、宏村两处古民居列入世界文化遗产，开启了我国古村古镇保护和开发的热潮。2003年，建设部和国家文物局共同启动中国历史文化名镇名村评选活动，进一步将这种热潮推向高潮。目前，我国的古村古镇群主要分为太湖流域的水乡古镇群、皖南古村落群、川黔渝交界古村镇群、晋中南古村镇群、粤中古村镇群等，类型涵盖了乡土民俗型、传统文化型、革命历史型、民族特色型、商贸交通型等，基本上反映了不同地域历史文化村镇的传统风貌。随着人民生活水平的提高，“寻找失去的家园”成为一种旅游时尚，我国现存古村古镇的巨大价值得以通过市场继续体现，成为了推动经济发展的重要旅游资源。

第七节 科普观光型

科普观光型为游客提供了了解现代科技农业的机会，通过理论与实践相结合，了解和学习农学、生物学等方面的知识，有助于游客拓展视野、增长知识和陶冶情操。利用先进的农业技术建立现代农业示范园，以农业生产为本，以种养产业为核心，重视现有设施栽培、生态养殖、立体种养、种养加工一体化、有机农业等高效生态农业模式的功能拓展，通过农业基础设施、基本装备等与休闲观光功能的有机结合，推进传统农业的升华和农业现代化建设，积极引进适合休闲观光农业发展且品质优良的特种蔬菜品种、水果、花卉和其他观赏植物，重视引进先进的农业种植模式和栽培技术，提高科技含量，积极开拓市场，提高农产品的产量、质量和销售量，同时向游客普及现代农业知识。通过创建风景旅游点，既有效推广了现代农业示范园区的优良农产品，又为广大市民提供了高质量的休闲观光场所，有力地提升了农业附加值。

第十一章　乡村旅游的设计与开发

第一节　乡村旅游体验设计

由于社会的发展、人民生活水平的提高，人们在消费过程中需要的不仅仅是一种物质上的享受，更追求一种精神上的满足。体验经济是一种新的经济形态并已经成为发展趋势。乡村旅游不同于其他的旅游方式，不是以景区观赏为主，而是以体验乡村生活为主，这种旅游体验的效果直接决定着游客整体旅游的质量。因此乡村旅游开发必然要转向以体验为中心。

一、体验经济时代的乡村旅游游客需求

（一）体验经济时代游客的特征

一个体验经济时代的游客的典型特征如下。

（1）更愿选择散客而非团队形式同游。

（2）选择个性化定制的旅游产品而非标准化产品。

（3）不是购买整体产品而是购买零件自己组装；从跟随他人去名胜古迹到自己发现旅游胜地。

（4）从"走马看花"式的巡游到"下马赏花"式的游览。

（5）从"旁观"到"参与"，从"领受"到"奉献"。

（6）从只重视"到此一游"的结果到同时重视"结果"与"过程"，从"被组织""被安排"到"自己组织""自己安排"。

（二）乡村旅游游客需求

乡村旅游能给予游客一种愉悦的、家的感觉的美好体验，主要是通过让游客感知到新鲜感、亲切感与自豪感来实现的。对于乡村体验旅游而言，这三种感觉正是游客的主要需求。

1. 亲切感

亲切感主要是指游客的情感需求，在乡村旅游中主要是指“家”的感觉。体验经济时代，从旅游消费者的需求结构看，情感需求的比重增加。旅游消费者在注重产品质量的同时，更加注重情感的需求，偏好那些能与自我心理需求引起共鸣或者能实现自我价值的感性旅游产品。乡村旅游中“家”的感觉主要是通过与当地村民或者民俗接待户的交流来实现的。乡村旅游者在接触当地农村中，特别是与当地村民的接触中，体验到关心、理解及热情好客的环境，消除孤独并得到一种满足感和亲近感。

2. 新鲜感

新鲜感来自差异，即新奇与鲜活。乡村旅游的新鲜感来自农村与城市不同的自然风光、传统习俗等日常生活的点点滴滴差异。这种差异越大，对游客的吸引力越大，游客参加乡村旅游活动时体验越深刻，旅游活动结束后收获越多，记忆也会越深刻。新鲜感也来源于同类型乡村旅游产品的独特性，在体验经济时代，个性化产品和服务越来越受欢迎。随着旅游者的消费经验日趋丰富，对乡村旅游产品更加挑剔，对“住农家院、吃农家饭、干农家活”的大众旅游产品感到厌倦，开始追求一种彰显自己个性的乡村旅游产品和服务。

3. 自豪感

自豪感来自赞美。每个人都觉得自己是个有价值的人、值得尊重的人、值得自己也值得别人爱的人。体验经济时代的旅游消费者从注重产品本身转移到注重接受产品时的感受。旅游消费者从被动接受旅游产品发展到对旅游产品提出个性化需求，希望能够亲身参与乡村旅游产品的设计和制作。在这一过程中，旅游者将充分发挥自己的想象力和创造力，积极参与旅游产品（物质产品和精神产品）的设计、制造和再加工，通过创造性消费来体现他们独特的个性与自身价值，获得更大的成就感、满意感。云南瑞丽推出了淘宝游，这种鲜活的旅游活动能够给旅游消费者带来美好的旅游体验。看到自己亲自淘出的宝石被加工成艺术品，旅游消费者的成就感油然而生。而旅游者亲身参与制作旅游纪念品，本身就是旅游经历的一部分，这种纪念品大多融入了旅游消费者的劳动和智慧，从而具有更高的价值。

游客的感知直接决定了游客对旅游产品的评价，是决定游客满意、游客忠诚最重要的因素。而游客忠诚既可以表现为高回头率，也可以表现为良好的口碑和对外推荐，这对于旅游地和旅游供应商而言至关重要，这决定了它们能否在激烈的市场竞争中取胜。尤其对于乡村旅游而言，其产品性质决定了游客保持较高的回头率是完全可能的，乡村旅游游客的满意度、忠诚度对于乡村旅游经营者而言更是关键。

二、乡村旅游产品的体验规划

（一）功能规划

旅游活动六要素分别为：食、住、行、游、购、娱，乡村旅游活动同样如此。通过对这六要素的不同的设计和组合可以营造出浓郁的乡村感觉和体验氛围。

1. 住宿：体现乡村化和家庭化

建筑设计上体现乡村化和家庭化。度假乡村住宅最大的特点应是给人营造一种“家庭”的感觉。首先，尽量保持乡村建筑的原汁原味，为了迎合城市旅游者的住宿需求而拆掉原有的老建筑，建起的富丽堂皇的新楼房总有种不伦不类的感觉。其次，空间布局和设施设备的设计应尽量居家化，保持地地道道的乡村朴实风味。

游客自我服务。乡村住宅应为住客提供各项服务，但却不表露明显的服务痕迹，甚至可以不设服务生，只有房主，当房主交给游客钥匙之后，就不再来打扰。当然如何提供服务视游客的需求而定，需要时及时提供；如不需要，可以让游客自己做食物、收拾房间和洗衣服，充分体验在自然的乡村生活。有些住宿在农家且与农家成员共同生活的方式和租住的方式就更加体现出这种自然的状态。

2. 饮食：鼓励原生态与多样化

食材原料和制作方法原生态。如果来自城市的游客身在乡村，却吃着和在城市餐馆里一样的菜肴，心定会感到索然无味，且这种索然无味一定不仅仅是口感，更是精神上的综合感受。

就餐环境原生态。乡村餐馆的外观一定要与周边环境相协调，内部的装修、家具、餐具、菜单的设计都要与乡村的风貌相吻合。例如可以将菜单写在土布餐巾上、团扇上等，服务员的乡音乡貌也要到位，一句当地话的称呼语就能立即拉近与游客之间的距离。在保持乡土特色的同时，要注意就餐环境的卫生环境和条件。

就餐形式多样化。中国各地的特色食物众多，制作方法也各异，在吃之前，如能够观赏到特色食物的制作过程，无异于欣赏一次艺术表演，接受一次中国饮食文化的熏陶，让人吃出美味、吃出文化。为了增加游客的参与度，除了展示制作外，还可以让顾客亲身体验美食的制作过程。此外，还可以一边观景一边就餐，如果乡村拥有独特的景观资源，可以将餐饮与观景相结合。如在瓜架下，渔船上建造露天餐厅，让游客在如画卷般的环境中尽享美食。有条件的话，也可让游客在品味美食的同时欣赏当地特色的文化表演，如昆曲、丝竹、纳西古乐等传统文化形式。要注意防止商业化与庸俗化现象的发生。

3. 游览：多元化和线路化

旅游类型多元化。农事活动可以开展家畜家禽饲养、成熟果实和茶叶采摘、秋季庄稼收割和捕鱼活动等。当今乡村旅游中此类活动可以采摘园、垂钓园等形式展开，也可以“租赁农园”的形式展开，让市民全过程地从事农业生产劳动和农业经营活动，体验农业生产过程，享受耕作的乐趣。市民由此在乡村拥有自己的农园，会使重游率大大提高，有利于乡村旅游的发展。

民俗节庆活动类型，如龙舟竞渡、摔跤、赛马、射箭、斗牛、荡秋千等都具有较高的欣赏价值。我国农村几千年来形成的民俗文化，历史人物、知名人士、特色村落、民俗活动、宗教信仰活动、传统手工艺品、特色产品，还有充满情趣的乡土文化艺术，以及目的地举办的一系列游乐活动和特殊节日活动等，这是乡村旅游资源中最富魅力的成分。在美国，一些结合传统艺术的特色乡村旅游颇受游客青睐，如“瓜果塑造”“庄稼人艺术画”等。马来西亚的农业旅游则大力发展农场花卉旅游业，充分体现了花卉之国的特色。

学习活动类型则可学习欧美国家开设的各种市民感兴趣的农业课堂，如骑马、捕鱼、打猎等，并可以冠名骑马农场、教学农场、探索农场和狩猎农场等加以营销，收取的费用相比城市优惠较多。

4. 娱乐：注重创新性

为了更好地满足旅游者追新猎奇、求乐求知、求健求美等需求，目的地村应尽可能地开发多种形式的娱乐休闲活动。节庆活动形式需要创新，如美国许多农场就举办西红柿节、甜洋葱节、土豆装袋节等活动；还可以请专家将田地种植设计成迷宫形式，推出迷宫游览活动；再如麦田作画，在年复一年的插秧收割中“画”上麦田油画，甚至是一些艺术家平日也无法企及的艺术梦想。这些都会给旅游者带来极大的乐趣，不仅拓展了乡村旅游的产品类型，还能避免农场资源的闲置浪费。

5. 交通：真实性和趣味性

乡村旅游的交通分为内部交通和外部交通。对于外部交通而言，要注意通往目的地的公路两旁绿化和曲径通幽的设计，可以营造“山重水复疑无路，柳暗花明又一村”的世外桃源境界。停车场的设计，应距离核心旅游区一段距离，游客需背包自行进入，不方便的行程可由村民们有偿帮助，或挑担、或农家交通工具。

对于乡村旅游的内部交通的设计，可以开辟风景优美的乡间土路、田埂小道，以游客步行和乘坐乡村传统交通工具为主。如木质的马车、驴车、轿子、渔船等，能充分体现出当地特色，体现真实性和体验的趣味性。

6. 购物：鼓励游客自制自购

对于乡村的土特产品，如蔬菜、茶叶等农产品及农副产品和刺绣、编织等手工艺品，让游客直接花钱购买是通常设置的购物方式。除此之外，还可以鼓励游客在乡村旅游期间尝试自己制作。对于游客而言，在返程的时候带上一些自己制作的食物和工艺品是很有纪念意义的。

（二）内容规划

将旅游地各种体验元素加以组合更新，提炼出合适的体验主题，并构造出具备特殊意象的体验场景和活动项目。主题来源于旅游地的各种特殊文化形态，要富有独有性和本土化特点，并且要具有感召力和实践性，使产品感知化和稀缺化，利于体验活动的开展。体验主题应该因地制宜，即必须符合乡村本身的特色。规划方与乡村在确定体验主题后，就应该设计一系列与主题有关的活动，进行主题加强，形成鲜明的主题印象。在此过程中，要尽量让旅游者在旅游产品的情境中感觉到原汁原味。此外，在乡村旅游的情景规划中还是必须要加以“编织”的情景，即必须要讲故事。好的旅游项目，核心就是编织故事。如果说一个旅游项目能够有主题故事，就搭起了一座通向目标游客较深层次旅游休闲趣味的桥梁，就形成了这个项目的核心。

（三）时间规划

1. 游览时间规划

首先要解决的问题是游览时间从哪里开始，即到哪个地方算是进入景区。一般来说，离开干线公路，到了支线公路，就应该算进入景区，但由于景区经营者普遍存在误区，所以支线公路的状况和景观不是很好。干线要求畅通，而支线已经进入景区，对客人来说，就要求缓慢了，在规划设计方面，这条路的主要功能除了交通以外，应该是景观路、文化路、生态路，应该尽可能使旅游者感觉兴奋，这就需要一路上规划设计一些景观；从进了景区门口开始，要规划设计客人的活动，争取达到每 5 分钟有一个兴奋点，每 15 分钟有一个高潮，设计的方式可以不拘一格，但必须要有兴奋点。

游览时间是指以游览时间为主体，加上其他消费时间的总和。总体来说是3个小时有一顿饭，6个小时可住一个晚上。很多景区之所以摆脱不了单一的门票经济，就是因为没有在时间规划上下功夫。游客走马观花，行色匆匆，经营者没有其他的收入来源，只好在门票上做文章。如果增加一些综合消费项目，就会增加游客停留时间，在增加了收入来源的同时，最终也要累积到综合消费时间上。而综合消费时间一旦超过了3小时、6小时的临界线，收入模式就会上台阶。

2. 全年时间利用

一个景区景点，需要研究资源全年性的利用能达到什么样的程度、季节性的利用能达到什么样的程度。北方最普遍的现象是冬季旅游不景气，有些景区，一年实际经营也就3个月，长年亏损运营。一个经营性的项目，必须考虑全年时间利用的问题，争取其全年的利用时间更长，方式一是增加冬游项目，方式二是增加室内项目，方式三是改变市场形象，方式四是调整消费观念，方式五是开展复合旅游。现在很多地方推出的冬季旅游节目，就是一种尝试。

（四）空间规划

空间布局是研究在既定的空间内安排什么样的项目以及每个项目设在什么位置。其中的关键是项目与主题的关系。在实践中，要努力做到主题指导项目、项目服从主题，而不能相反为之，更不能各唱各的调。

可以学习景区开发的方式，将周边零星分散的地方文化和景点联系起来，开发出相关旅游线路，形成区域联动效益。在景点选择上应注意求同存异，游客在游览过程中会形成一个视线走廊，要使游客始终保持一个美好的视线感觉，有的地方需要贯通，有的地方需要遮蔽，总体来说应该是形断神不断，通过视线走廊把各个景观连接起来。无边无垠的绿色麦田或是金灿灿一大片油菜花，会形成较强的视觉冲击力甚至是视觉震撼。春天，来到乡村休闲旅游点，租一辆自行车在乡间小路上穿行，首先映入眼帘的是金黄的油菜花，蜂飞蝶舞，充满了生机和活力；绿油油的小麦，起伏的麦浪如同绿色的绸缎在空中舞动；穿过满眼青翠令人赏心悦目的蔬菜园，粉红的桃花又跃入眼帘，桃林到了……这样的视线走廊，简直是一场视觉盛宴。

第二节　古村落旅游规划

古村落旅游以其独特的建筑特色、浓厚的文化底蕴、重要的历史研究价值，以及别具一格的民俗风情逐渐引起都市人的兴趣，成为乡村旅游的重要组成部分。古村落的旅游发展既满足了现代人崇尚自然、回归自然的旅游需求，也给古村落的整体发展带来了很好的契机。如北京门头沟爨底下村，安徽黟县的西递、宏村，江西婺源县的李坑、理坑等都是著名的历史文化古村，吸引了无数游客争相前往。随着文化旅游的快速发展，古村落成为旅游的热点，但同时也将带来古村落被破坏的潜在威胁。因此，保护好古村落风貌的真实性和完整性是可持续旅游的前提条件。

一、古村落旅游资源构成

村落是一个特殊的旅游客体，与一般旅游资源相比，具有其自身特有的性质。因此从旅游资源角度出发，古村落旅游资源就是以古村落的各种建筑实体为载体，包括存在于古村落这种空间内的能够吸引旅游者的一切人类物质和精神文化的成果。古村落中能够被旅游者所感知的有形和无形文化现象主要包括三个方面的内容。

（一）民俗风情文化

目前我国在古村落旅游资源的认识及开发方面，重视有形的文物建筑，忽略了无形的人文资源。古村落之所以有价值，不仅仅在于其留下的独特的地面文物建筑，而且还因为它所包含的丰富的原汁原味的中国乡村民俗文化和伦理宗教资源。民俗文化也是古村落旅游资源的重要组成部分。

村落民俗文化是一根植于本地本族，依赖本地本族存在的民间文化，它是村民心理的折射、习俗的汇集、愿望的表达和智慧的凝结。因此，村落文化有着浓郁的乡土气息和鲜明的个性特征。主要有地域性、自发性、传承性、适应性等特征。相对于其他现代村落，古村落保存了更加真实的民俗文化特征。根据民俗文化在旅游活动中所处的地位和作用，以及民俗文化的各种表现形态，可分为节日文化、游艺文化、礼仪文化、生活文化、工艺文化、制度文化、信仰文化等。总之，古村落的民俗风情文化主要通过饮食、服装、戏剧、婚俗、礼仪、民歌、节日茶文化、传统制造加工、传统家具、民间神话传说、民俗等具体表现出来。

（二）古村落建筑的文化

我国古代建筑文化博大精深，多姿多彩，在我国旅游资源中占有重要地位。而我国古村落的建筑文化以其类型多样特征，成为我国古代建筑文化最重要的组成部分，同时也是构成古村落旅游资源的主体。中国的传统村落大多立意构思巧妙，从自然现象的概况中寻求象征吉祥的抽象概念，创造出有激发力和想象力的乡土环境的独特意境，充分体现了中国古代耕读社会文化的形态特征。古村落在建筑文化方面追求天人合一，讲究风水，尊重封建礼制，经过了与环境、社会、文化的长期适应，在建筑特色上全国各地各不相同，多种多样。因此我国古村落建筑文化具有很强的旅游吸引力。总的来说，我国古村落建筑文化作为古村落旅游资源的主要构成，通过显性的物化古文化景观和附属在古文化景观上的建筑文化内涵来体现。

（三）名人文化和事件

由于古村落建村历史较长，重视文化教育和商业，因此在其发展过程中，会或多或少地出现一些历史名人，这些历史名人都会由于自身影响力，给古村落的历史增添光彩。根据名人影响力的大小，可以分为世界级、国家级、区域级和地方级四个级别，如孔子和毛泽东，由于其巨大历史影响力，曲阜孔府和毛泽东故居都成为闻名于世的旅游资源。因此我国许多古村落的历史名人也是古村落旅游资源的有机组成部分，对古村落旅游影响力和提升知名度有很大作用。浙江诸葛村是诸葛亮的后人聚族而居的村落，因此诸葛亮的名人效应是有效地宣传了该村，村内祭祀诸葛亮的祠堂是标志性建筑。此外在一定时期内发生在村落内部的各种历史事件，对提高古村落的知名度和旅游文化内涵也有较大的作用。

二、古村落景观意象、标志及保护内容

（一）古村落的旅游景观意象

我国古村落景观所具有的基本意象可概括为以下几个方面。

1. 生态意象

中国古人对理想居住环境的追求包含对满意生态环境的追求。中国古村落绝大多具有枕山面水、坐北朝南、土层深厚、植被茂盛等特点，有着显著的生态学价值，如枕山既可抵挡冬季北来的寒风，又可避免洪涝之灾，还能借助地势获得开阔的视野；良好的植被，既有利于涵养水源、保持水土，又可调节

小气候和丰富村落景观。总之，中国绝大多数古村落环境都表现出鲜明的生态意象。

2. 山水意象

我国古村落从选址到布局都强调与自然山水融为一体，因而表现出明显的山水风光特色。中国传统哲学讲究“天人合一”的整体有机思想，把人看作是大自然的一部分，因此人类居住的环境就特别注重因借自然山水。

3. 趋吉意象

人类生存环境首先讲究的是一种趋吉避凶的理想环境。因此，中国传统村落与传统城市一样，特别注意选择和营造一个趋吉避凶的人居环境。中国古村落趋吉避凶意象的最主要表现是风水模式的普遍运用。风水模式所表现的趋吉意象有着独特的景观价值。

4. 宗族意象

中国古代社会是一个典型的以血缘关系为纽带的社会，表现出强烈的宗族意识。村落空间布局多表现为以宗祠等祭祀建筑为几何中心的“心理场”中心展开布局。宗祠已成为村落景观的醒目标志，多数古村落有着印象深刻的宗族意象。

（二）构成古村落意象构的标志

古村落意象构成往往凝结在村落的具体形态上，构成古村落意象标志，主要有以下内容。

1. 牌坊

也称牌楼。伦理纲常在建筑上的体现是多方面的，牌坊是传播礼制思想的重要纪念建筑，通常用作纪念某人或某事。村子不惜重金兴建了大量牌坊，来旌表那些忠臣、孝子、义夫、节妇，以嘉功前人、效法后世。牌坊有时也作为村落的大门或标志安放在村落的入口或中心地带，通常采用石料或木材做成，规模大小视空间形态而定。牌坊主要类型有功名坊、功德坊、节孝坊等。牌坊在院南古村落中最为多见，构成古村落比较独特的景观。著名的牌坊有安徽徽州棠樾牌坊等。

2. 寺庙

在民间村落自建的寺庙不同于官庙，它不仅有佛庙、道观，还包括大量供奉各路神仙的庙堂和神龛，或供佛祖观音，或拜土地龙王，也有各种祭祀行业宗神的寺庙。因而其建筑不拘形式及规模大小，风格异彩纷呈，有独到的艺术魅力。

3. 宗祠

我国先民崇敬祖先，有着“求神不如敬祖”的理念。不管生活再穷再苦，作为祖先崇拜的祠堂必不可少，而且必定建造得精巧华丽、富丽堂皇。古村落中的祠堂往往处于村落的核心地带，并且是全村族人的精神中心。宗祠在长江以南古村落景观中特别常见。祠堂分为家祠、宗祠、神祠三种类型。后来一般又发展成私塾学堂、家族聚集议事、进行娱乐庆典的地方。

4. 水塘和水口景观

在南方地区，非常重视对水的运用，开设水塘和水口，从文化意义而言，具有贮气运、聚财富的寓意；从景观角度讲，具有传统园林的构景特点；从生态角度讲，能调节村落小气候。因此水塘的标志作用除了水体本身之外，还具有一种历史联想和文化含义的环境标志。如皖南黟县宏村中心部分的半圆形水塘“月塘”，成为宏村的重要标志，也是留给外来人印象最深刻的地方。

5. 书院

书院也是一种封建礼制建筑，其目的主要为村落中的族人子弟读书和讲学之用。书院建筑形制多样，一般建筑规模较大。一些村落由于经济原因建不起专门的书院，祠堂往往也被作为书院。

6. 古桥

古村落中的桥可谓一大景观建筑，不仅有江南水乡的石拱桥；还有山地村落中的木桥、索桥；更有在多雨地区用以遮风避雨的廊桥、屋桥等，它们不仅是联系两岸的交通设施，有时它还是调节风水的重要建筑。过街楼在江南村落中常见，利用高空又不阻碍交通，使楼两边的房屋连成一家；造型上也使单调狭窄的巷道产生变化，增加空间层次。

7. 防御建筑

从防卫和安全的角度出发，许多古村落在整个村子周围建起寨墙、留有寨门，构成了独特的景观。这种景观在曾经的战乱地区如山西、福建沿海和少数民族村落如藏族、侗族聚居地等较为常见。

8. 塔

塔最初是佛教专门的建筑，但流入民间之后，其价值和作用发生了转化。古村落中，塔往往是调节风水的“风水塔”，景观构成上起到点景、借景作用的“景观塔”，以及为纪念名人或大事记的“纪念塔”。此外在以耕读为主要内容的古村落，根据民间传说中的魁星主宰文运而建造有文风塔。由塔的功能价值的不同，衍生出各种造型丰富、用材考究、做工精致的塔式建筑。塔在少数民族村落也多见。

此外还有古井、商业街巷、店铺和乡村园林等建筑景观，各地村落景观各不相同，多少不一。

（三）古村落保护主要内容

古村落文物古迹众多，传统文化内容形式多样，地域人文风格迥异，需保护内容要充分考虑其内，其保护内容大致可以分为以下几大方面。

1. 保护古老传统的街巷脉络和形态

重点保护古村落内历史街巷的整体格局、道路骨架、平面布局、方位轴线关系、水系河道等。

2. 保护古村落极具特色的整体格局及空间风貌

古村落的存在是与其自身及周边整体环境密不可分的。保护其整体格局及环境风貌，就是保护古村落本身，而历史文化遗产环境具有更加重要的地位，它的存在就是无言的历史，失之，那么一切将无从谈起。与重要历史有关的地形地貌、山水田园、一花一木都要尽可能加以保护，使其保持原样。

3. 保护具有特色的地貌、历史遗迹、古树名木

古村落多处在环境秀丽、山水资源丰富之地，周边自然地貌形式多样，以及一些古人遗迹如诗词题作、古道等也是古村落整体资源的特色之一，也是旅游开发的重要吸引点。古村落历史悠久，通常会有一些珍贵的古木，有些被赋予传说、故事的神秘色彩，有些外形奇特，对其应加强管理与养护，好好保护这珍稀的历史遗产。

4. 保护具有文物价值的古建筑物、古文化遗址

古建筑物包括古民居、祠堂、牌坊、古商铺、寺庙、学堂以及依附其表面的雕刻艺术（石雕、木雕、砖雕等）及绘画艺术等。如果说古村落是一本书，其古建、古遗址等就是里边的字，原住民就是书写这部书的作者，它们共同构成了古村落这个神奇有内涵的传统著作，这正是古村落核心所在。它们反映了当地与众不同的文化与特色，是区别于其他地方的标志，因此，二者都是古村落保护的重点。在进行古村落建筑保护时要注意其当地建筑风格的连续性，保持其基本的建筑格局、材

料、颜色、空间布局，以及与周围环境格调的一致性。对新增建筑，要良好地控制其建造的尺度规模、材质色调、样式风格、高度体量与周围建筑的和谐统一，切忌追求高尺度、大体量建筑，勿使其突兀于古村落整体环境中。

5. 保护具地方特色的传统产业、民风民俗

古村落经过千百年历史的积淀，往往受不同地域、不同民族等因素的影响，形成了自己的一套民俗文化，主要为古村落的传统产业、民俗民风。要保护古村落的地方方言、宗教信仰、节庆礼仪、戏曲、工艺等传统，只有保护好古村落民俗文化的良好发展态势，才能最大程度体现古村落乡土人文气息环境和氛围，古村落才能完好地保存和传承延续下去。

三、古村落规划基本思路与内容

（一）古村落规划基本思路

1. 保护为主，兼顾发展

古村落的核心是“古”——“古建、古色、古风”。没有了这些元素，也就没有了旅游的吸引物，也就没有了游客。因此，古村落旅游产品的开发要处理好保护与发展的关系，以旅游产品的升级、完善为主，适当开发新的旅游产品，对有文化价值的产品要加以保护，对有破损的加以修缮。对那些风格不一致的新建筑要加以取缔，保持新旧风格一致，使整个村庄和谐统一。“整旧如故，以存其真”才是古村落发展和保护的真谛，要把真东西留下来，将我们的优秀文化遗产留存，而不是让现代的旅游者看到虚假和充满着商业气息的“赝品”。

2. 动静结合，融入生活

古村落的旅游产品比较单调，缺乏动态的产品和生活元素。游客来此多以观光为主，景区与游客难以产生互动，游客

无法更好地体会古村落的民俗风情和历史文化。因此，将动态元素、生活元素融入旅游产品，成为古村落旅游开发方向之一。

3. 休闲时代，体验之旅

中国旅游市场正面临着由观光旅游为主体向观光旅游和度假旅游为主体的转变，且单纯的观光旅游给旅游者留下的印象比较浅，存在停留时间短、重游率低、独特性少、吸引力差、竞争力较弱、经济效益不太高的缺点，因此，观光式旅游产品开发古村落的做法必将逐步让步于休闲体验式的产品综合开发模式。

4. 全局统一，突出个性

旅游产品的开发应统筹全局，注重整体性和连续性，充分考虑到地方的自然和文化特性；但也要注重特色的发掘，突出古村落的个性，将最能体现古村落旅游资源特色的东西展示出来。

（二）古封落规编制基本内容

1. 文本部分

（1）村落概况。区位环境、历史沿革、土地、人口、文物古迹等。

（2）现状分析。特色分析、存在问题。

（3）历史文化价值概述。资源普查、分析、评价、价值体系。

（4）保护目标和原则。

（5）保护性质与保护范围的层次划定，确定保护内容与保护工作的重点。

（6）保护措施。

（7）对重要历史文化遗存修整、利用和展示的规划意见。

(8) 重点保护、整治地区的详细规划意向方案。

(9) 保护规划实施的保障措施。

(10) 相关法规、政策、条例制定的参考意见。

2. 图纸部分

(1) 文物古迹、传统街区、风景名胜分布图。

(2) 古村落保护规划总图，表现各类保护控制区域范围、各级重点保护单位、风景名胜、保护区的位置、范围和保护措施示意。

(3) 保护区域界线图，划出重点文物、历史文化保护区、风景名胜保护区的保护范围和控制地带的具体界线。

(4) 重点保护整治地区的详细规划意向方案图。

3. 附件部分

规划说明书（分析现状、论证规划意图、解释规划文本等）和基础资料汇编。

第三节 乡村旅游产品开发

一、乡村旅游产品概述

（一）乡村旅游产品基本理解

所谓乡村旅游产品，是指旅游者在乡村旅游过程中，所能够购买或体验的一切有形的商品和无形的精神感受。

（二）乡村旅游产品的特征

1. 产品项目和产品线极为丰富

乡村旅游的产品线的长度和宽度均较大，且产品线之间有较大的差异性，集观光旅游、度假旅游、体验参与型旅游、消遗休闲旅游、康体保健旅游为一体，可满足各种旅游者的需求。例如，草原农舍、民族村寨、古村镇、江南水乡村庄、海边渔村、荷塘、果园、牧场、农业科技园区等，乡村旅游产品的内涵和外延博大宽泛。

2. 乡村特色浓厚

所谓乡村特色，是相对于城市特征而言的，指人们在乡村地域内，能够感知和体验到的，和城市有明显区别的所有自然和人文的元素。乡村旅游之所以能够迅速发展，正是因为乡村旅游产品和城市旅游产品相比具有的诸多差异性、独特性，从而产生的旅游需求。城乡之间的这些差异包括地理差异、历史差异、文化差异。城乡两个地域仿佛磁铁的两极，存在相互吸引的“能量”，这种“能量”的放射点，正是乡村特色，吸引城市人进入乡村、乡村人进入城市，两个区域内人口彼此双向互动。乡村旅游产品的这一特点，决定了并非所有的乡村都能够发展乡村旅游，乡村特色不明显的乡村，不能依靠人造景观开发乡村旅游。只有那些具有相对突出的、明显的自然或人文特性的乡村才具有开发乡村旅游产品的基础条件。

3. 投资和消费进入壁垒低

进入性乡村旅游产品要能客观、真实地反映自然乡村世界的本来面目，强调返璞归真，回归大自然，因此，从旅游投资的角度看，乡村旅游产品不需要也不能够大兴土木和投入巨资去培植人造景观。例如，在乡村地域内建造的主题公园并不属于乡村旅游产品，因此，乡村旅游产品开发投入成本少，受资金限制程度低。另外，从旅游消费的角度看，国内外的乡村旅游，均以国内游客尤其是近距离城市居民为主要客源。原则上，乡村旅游市场为近程性市场，旅途短，交通费少，不收门票或门票价格低，食宿费用相对城市低，旅游购物品以当地自产自销的为主，因中间环节少，也较城市便宜。当然，也有少数高档乡村旅游产品可满足高收入消费者的需要，但不是主流。城市人游乡村，其消费心理限度原本就不高，同时，现有的中、低档价位产品的大量存在，客观上保护了这种低消费的持续性和经常性。

二、乡村旅游产品开发遵循的基本原则

（一）凸显特色原则

特色是旅游产品活力之所在，是旅游吸引力的主要源泉和市场竞争的核心。旅游产品的开发，就是要根据旅游资源特色来进行选择、概括、提炼。旅游产品的特色主要体现在地方性、原生性、民族性等方面，因此，在乡村旅游产品开发中，要深入挖掘那些原汁原味的乡土文化和生态环境，做到“人无我有”“人有我优”“人优我特”，不断地突出“乡村”性，体现农耕文化、展示农业科技成果、强化乡村氛围。

（二）市场需求原则

乡村旅游产品与其他旅游产品一样，作为一种旅游产品，它是针对相应的市场需求而设计产生的，乡村旅游产品是否符合旅游者的需求是决定其开发能否成功的重要因素之一。随着乡村旅游的发展，乡村旅游产品越来越丰富，但不同旅游者有不同的需求，因此，乡村旅游产品的开发要以市场为导向，充分调查与分析市场后，在了解旅游者需求的情况下，结合不同旅游者的消费偏好对旅游市场进行细分，并根据市场细分结果，将市场需求与客观条件相结合，制定出产品定位，形成产品的特色与差异性，开发如生态观光、农业科普考察等不同档次、不同规模、适销对路的乡村旅游产品。

（三）精品工程原则

由于乡村旅游资源在开发过程中容易造成产品替代、重复建设，投入多、产出少的局面，加上目前乡村仍不富裕，人力、物力、财力都十分有限，乡村旅游产品的开发尚处在粗糙、低层次阶段，无法激起更多游客的消费欲望，有效提高游客的平均消费水平。所以，乡村旅游产品的开发应在资源普查、综合比较论证的基础上，确定重点，择优开发，在保留原田园风光、自然景观、乡村风情的基础上，在部分景区按照高标准、高品位、精品化的原则，充分挖掘特色旅游资源的内涵，集中有限的人、财、物力打造精品。对于那些区位条件较优、交通条件较为便利，自然生态环境和人文环境相对较优以及当地居民有浓厚的开发热情的乡村地区应优先开发，在政策、资金、技术等方面要给予重点扶持，以创造特色品牌产品，保障其市场竞争力。只有按照精品工程原则开发乡村旅游产品，才能够创名牌，进一步提高乡村旅游收益。

（四）和谐建设原则

乡村旅游产品在开发过程中要注重强调开发的产品与周边环境的和谐性，尤其是乡村旅游产品中的游览设施。一般来说，乡村旅游景区、景点都有其配套的旅行游览接待服务中心，及能够满足游客游赏风景需要的基础设施。它们既属于旅游产品，又对乡村旅游景观产生影响，在很大程度上提升或是降低了乡村旅游点的感知程度。

（五）兼顾开发保护原则

根据不同旅游产品具有不同的生命周期的特点，在旅游产品的开发上坚持可持续发展原则，在分析旅游产品的生命周期的基础上，采取不用的开发策略，以延长旅游产品的生命周期，为区域旅游发展增添活力，增强区域旅游竞争力。此外，在旅游产品的开发过程中要优化旅游资源配置，处理好开发与保护的关系，注重旅游资源及其环境的保护，为开发的可持续化奠定良好的资源基础。在经营过程中，旅游管理部门和旅游企业要在管理方式和经营上不断探索与创新，不断对旅游产品进行提升与完善，适时推出适应市场需求的旅游产品，从而实现旅游的可持续发展。乡村旅游产品的开发，应该遵循“保护为主，开发与保护相结合”的总体思路，在保持自然资源完整性、生物多样化、生命维持系统正常的情况下来进行。要对生态旅游区的旅游环境影响做出评价，包括对旅游对自然景观、人文景观资源的影响程度，旅游区的最大环境承载力，旅游建筑物对环境的影响，旅游产生的废水、废气、噪声的综合治理措施等做出综合评价和规划，力求对自然资源的影响降至最低。生态保护原则应当贯穿于旅游产品开发的始终，开发要服从于保护，在保护中进行开发。因此乡村旅游产品的设计要将生态环境的保护放在首位。

三、乡村旅游产品开发的基本流程

乡村旅游产品开发是一种综合性活动，涉及整个旅游地及有关部门的合作与协调，是一个循环、逐步提高的系统过程。

（一）区域背景基础资料调查和分析

1. 区位条件调查分析

区位条件指旅游资源所在区域的地理位置、交通条件以及与周边区域旅游资源的关系等。一般从以下几方面调查：第一，该乡村是否邻近大中城市。第二，交通状况，本地或邻近地区是否有火车站、汽车站等，外地包括境外游客可否直达或比较方便转来本地。近中期交通建设计划，预测本地对外地大交通和内部小交通的发展前景。第三，区位特点，是否位于边境地域或位于省交界地域，是否位于著名景区景点边缘地域等，都可能对当地旅游的开发产生极大的影响。

2. 自然条件调查分析

旅游目的地的气象气候、地质地貌、水文、土壤、植被等要素构成的自然环境，对旅游目的地资源开发有着直接影响和作用。植被、水文、气象等本身是乡村旅游资源不可分割的一部分，直接关系乡村旅游资源的品质。乡村环境必须清洁雅静，令人赏心悦目，宜人的气候是旅游的必要条件，并起着导向作用；水既是孕育乡村景观的活跃因子，又是乡村旅游设施、当地居民和游客的生活必需，而且水质十分重要，直接关系游客的健康。

3. 经济条件调查分析

经济条件指旅游目的地的经济状况，主要包括投资、劳动力、物产和物资供应及基础设施等条件。资金是旅游资源开发的必要条件，特别是经济尚不发达、资金比较缺乏的区域，对投资条件的调查及评特点进行开发。可行性分析一般包括资源、经济、政策、市场、环境五部分。

（1）旅游资源的科学评价。旅游资源的评价，其核心任务是要确定区域旅游资源的优势与劣势，从而确定开发的机会与约束。通过与之竞争的旅游区比较，确定最能满足目标市场需求的要素，并选出最能反映地区个性，和其他旅游区明确区分开来的特征与要素，对这些要素进行加强、提高，对那些制约旅游区发展的要素也要找出来，通过新产品、服务与宣传促销活动来改变它。

（2）经济可行性分析。主要确定旅游开发项目是否能够产生令投资者满意的经济效益。乡村社区的经济发展水平直接影响其所能提供的设施及项目开发程度，从一个方面促进或限制着旅游业的发展。伴随着旅游活动消费增长，为旅游目的地提供商业机会，并间接影响经济的其他许多方面，促进经济的增长，但也会造成物价上涨、影响居民正常生活等不良后果。因此，在乡村旅游开发前必须遵循在经济安定的前提下实施宏观控制。对于应当开发和优先开发的乡村给予大力的支持，对于不宜开发和暂时不宜开发的要加以限制。

（3）政策导向重点分析。乡村旅游开发要注重政策的引导，研究乡村旅游产业在该地区产业结构中的地位，当地政府对旅游开发的支持力度，有关法律政策对旅游开发活动的规定等，从而制定适当合理的旅游开发模式。

（4）客源市场深入分析。客源市场是旅游市场的核心。进行客源市场分析主要解决三个问题：市场细分、市场定位及市场预测。

①客源市场细分。客源市场可通过游客的年龄、性别、受教育程度、职业、收入水平等划分，也可通过游客出游特征，如旅行时间、出游目的、旅行方式及游客心理特征等综合分析市场的需求结构。

②客源市场定位。乡村旅游客源市场定位就是在进行市场调研和市场细分的基础上，确定现实及潜在的市场范围及市场规模，并进一步分析确定乡村旅游区一级市场、二级市场和三级市场。市场定位时要综合考虑乡村可进入性的程度、客源产出地的社会经济水平、居民收入状况、居民的消费习惯等。

③客源市场预测。对客源市场的预测不仅要研究现实的市场需求，而且要对潜在的需求进行研究和预测，分析其需求类型及变化动态，估计其规模、增长速度及持续周期。

（5）环境承载力分析。旅游开发的可行性研究，除了对市场作可行性研究及对资源进行评价外，还要对开发地区做环境承载力分析，它是在对自然、社会、经济三方面综合考虑的基础上所做出的合理分析与评价。

①环境承载力的定义及内涵。就环境承载力来说，意味着维持某种平衡，即旅游区环境与游客经历质量的平衡。要尽可能在这两方面减少冲突，既要吸引最大量的游客，又不至于使环境或旅游产品本身产生大的消极影响。这个平衡点就是区域环境承载力。当前，一个比较权威的、影响面较广的旅游环境承载力定义是世界旅游组织给出的。该定义为：旅游环境承载力是在能保证游客满意度的情况下，对旅游资源的最大利用。这个定义明确了：旅游环境承载力是对旅游资源的最大利用程度；最大利用程度的界限是能够保证游客的满意度。但这个定义过于概念化，没有给出明确的评价标准，缺乏可操作性。旅游环境承载力只有与具体的评价标准联系起来才能确定，若评价标准本身缺乏可操作性，就无法确定。要使旅游环境承载力具有实用价值，首先要建立一个评价标准。为达到这一目标，必须从更深的层次来理解旅游环境承载力的含义。

②环境承载力的评价指标体系。旅游环境承载力不只是一个科学上的概念，更是一个管理依据。旅游管理人员对旅游环境承载力感兴趣，是因为他们关心旅游开发不同的程度会带来的不同后果，他们须明确旅游环境承载力的最大值。旅游开发规模达到旅游环境承载力极限时会有外在表现，如游客反映的是满意度下降，旅游活动本身表现为旅游可能无法顺利开展，旅游环境质量下降。因此，应建立一个评价指标体系，通过对指标的分析，确定各指标可容纳的最大游客量，确定旅游环境承载力。旅游环境指标体系包括感官指标、自然指标和社会经济指标。

（二）科学确立开发目标和主题

1. 明确开发目标

追求经济效益是旅游业开发最主要的目标，但这个目标必须服从于社区发展的总目标。开发目标的确定，应指出乡村社区开发旅游业要对当地社区产生的有益影响。绝大多数开发目标是追求商业利润和经济增长，通过经济效益提高当地人的生活水平，增加就业，改善当地产业结构，确保旅游区开发类型符合社区资源特色等。最后，确定与当地政府及居民的文化、社会及经济追求相一致的开发项目。

2. 全面策划乡村旅游主题和形象构建

只有首先确定开发的主题，整个开发工作才能有方向、有重点、有秩序，旅游设施和配套设施的规模、数量、布局和风格才能协调，从而形成统一、鲜明的旅游形象。通常，主题和形象的选择与确定，取决于旅游资源条件和市场需求的特征两个方面。同时，所塑造的旅游形象必须注意与区域社会和自然条件既定的主题形象相适应。例如，湖南省桃江县近年开发的“竹乡农家”，该区域内旅游资源开发的主题与形象选择就突出了竹文化的特点。

（三）产品优化的基本进程

1. 乡村旅游开发模式的确立

乡村旅游按区位划分，可分为都市郊区型、景区边缘型和特色村寨型三种类型，因此乡村旅游资源在区位条件、区域经济的发达程度、文化背景、自然环境和社会制度等方面也存在差异，其开发模式也趋于多样化发展。乡村旅游开发模式就是根据客源市场需求及当地资源特色等情况，确立乡村旅游开发目标、开发方向及开发策略，旅游资源的旅游功能和旅游活动的内容，设计旅游活动项目等。

2. 乡村旅游开发的总体设计

确定了乡村旅游的开发方向和定位策略之后，就进入开发的具体设计阶段。开发设计是在调查与评价的基础上，本着乡村旅游开发原则和定位，确定旅游规模和开发内容，拟定旅游区的空间布局、功能分区和总体艺术构图，最终制订旅游开发设计的总体方案。

3. 乡村旅游客源市场的开拓策略

旅游开发并不是简单地将目标集中于旅游资源本身进行景点开发和配套设施建设，形成由食、住、行、游、购、娱六要素所组成的完整的产品，还必须进行市场开拓工作，两者是相辅相成，缺一不可。市场开拓，一方面是将景点建设、旅游活动与旅游需求联系起来，即根据旅游者消费行为特征，进行旅游开发；另一方面，通过多种媒介加强宣传力度，将开发的旅游产品介绍给游客，不断开拓客源市场，实现旅游开发的目的。

4. 乡村旅游产品优化

制订好开发设计方案之后，进入开发的具体实施、市场开拓及经营运行阶段。但旅游开发并不应就此止步，而要根据市场信息反馈和需求结构的变化，进一步认识旅游资源的价值与旅游功能，维持并不断提高旅游资源吸引力，形成旅游开发的良性循环。

第十二章 乡村旅游的游览、娱乐、购物活动

第一节 乡村旅游游览、娱乐活动的组织与设计

乡村，是与城市相对应的空间概念，乡村旅游不仅包括乡野风光等自然旅游资源，同时还包括乡村的民俗、文化、饮食、农业景观及农事活动等内容。因此，发展乡村旅游，首先我们要解决的就是如何让旅游者在乡村这个特定的环境下开展游、购、娱等相关的旅游活动，获得更加丰富、独特的旅游体验。乡村旅游游览内容的设计应首先依托于当地的旅游资源，同时结合现代旅游者的乡村旅游需求，为游客提供定位清晰、体验独特的游览内容。

一、乡村旅游游览、娱乐活动设计原则

（一）强调真实体验

乡村旅游是以乡村环境为地域特征，以乡村民族民俗文化为载体，以满足城市居民回归自然愿望为目的的一种旅游活动形式。当绿色、可持续发展理念等新鲜元素与乡村旅游发生关联之后，这种古老又现代的休闲方式焕发了新的活力。在大规模商业化开发的同时，出现了乡村旅游内容的景点化、城市化、同质化、庸俗化，造成游客停留时间短、满意度和重游率低等问题。究其在游览项目开发设计上的原因，是其与旅游真

实性产生了脱离，使乡村失去了其“乡村性”，也失去了其核心吸引力要素。故而，乡村旅游中游览参与性活动的设计中必须认识到乡村旅游体验真实性的重要意义，把握真实性的内涵，努力呈现真实性的要素。让游客在参与体验中不仅仅是表面化肤浅的表演，而是真实生活场景的再现。

（二）突出特色主题

乡村旅游游览活动的设计，要体现其地域、资源或文化上的差异性，突出具有典型特色的主题性游览活动。在目前的旅游市场上，旅游者对于旅游地游览活动的独特性是非常关注的，在乡村旅游活动中也同样如此。因此，乡村旅游中游览活动的设计必须要做好定位，强调主题性的活动内容。例如，自2011年以来，日照以采摘为主题的乡村旅游发展迅速，东港区的草莓、蓝莓、葡萄采摘，五莲县的樱桃采摘，岚山区的绿茶、油桃采摘，莒县的油桃、草莓采摘等，与山海天度假区等地的渔家民俗旅游交相辉映，吸引来大批游客。

（三）整合周边资源

提起乡村旅游，很多人马上联想到的就是农家乐、渔家乐。其实，乡村旅游中的游览活动不能仅仅着眼于农家农户这有限的范围，而是要善于整合周边的旅游资源，依托周边旅游景区的开发，或依托传统的民俗文化，实现规模化的发展效应。

（四）注重文化传承

文化是乡村旅游得以持续发展的重要内核，传统文化的挖掘与传承是乡村旅游获得长久生命力的实现路径之一。具有地域特色的传统民俗文化使乡村旅游活动具备了更丰富的人文内涵，也能提升目的地游览项目的旅游品质。乡村旅游区应大力挖掘当地的特色文化旅游资源，让富有地域传统的民间习俗、工艺、饮食、歌舞等，在旅游中得到保护和传扬。通过多样化的参与活动，让游客欣赏到传统的技艺、精彩的表演，甚至直接参与进来。这不仅能使游客对当地有更深层次的体验，还能延长其在乡村的逗留时间，增加旅游创收。

二、常见的乡村旅游游览、娱乐活动

（一）侧重观光、采摘的田园生态旅游活动

对于旅游者而言，参加乡村旅游活动，一方面是为了体验农家生活，另一方面也是为了观赏田园风光，参与田园农业活动。根据这一需求，乡村旅游业户可以积极推广以观光、采摘为主题的田园生态旅游活动。田园生态旅游活动是利用现代化的农业生产园区，组织以特色农业观赏、田园采摘、现代农业劳作、农副产品加工等为主要形式的旅游活动。这一类型的游览活动所依托的乡村旅游资源一般具有较高的科技含量，同时也具备一定的观赏价值以及较强的参与体验功能。田园生态旅游活动可以结合乡村旅游区的资源特点，开发蔬果采摘游、季节性赏花游、务农体验游等活动内容，以满足旅游者体验田园生活、回归自然的心理需求。

（二）侧重农情渔趣的传统乡村旅游形式

传统的乡村旅游形式是以突出农情渔趣的农家乐或渔家乐为代表，主要以赏农（渔）家景、住农（渔）家院、吃农（渔）家饭、干农（渔）家活、享农（渔）家乐、购农（渔）家土特产为主要的活动形式。随着旅游者需求的多样化，对于农（渔）家乐这一传统形式也提出了新的要求，从原有的单纯吃、住开始逐渐延伸到游、购、娱等方面。因此，农（渔）家乐形式的旅游活动要充分挖掘游、购、娱的潜力，使产品更加多样化，更具体验性和参与性。

1. 体现“家”

农（渔）家乐，不同于酒店或度假村，“家”的氛围应该是温馨、亲切、舒适的。它可以没有现代化的设施，可以没有豪华精美的装修，但不能没有家带给人的舒适、温馨和便捷。因此，农（渔）家乐要重视“家”的氛围的营造，这不仅体现在设施环境方面，也体现在农（渔）家人热情好客的待客之道，让城市中疏离淡漠的现代人回归到鸡犬相闻的田园生活之中。在“农家”日常的生活场景中，参与农家生活、体验农家民俗，参与农事耕作。

2. 突出“农”或“渔”

农情农趣是农（渔）家生活区别于现代城市生活的最大不同，因此，农（渔）家乐产品一定要突出浓厚的乡土气息，客观地呈现质朴原始的民风民俗。农（渔）家特色是农（渔）家乐得以生存的基础，也是农（渔）家乐得以壮大的根基。普通农民（渔民）的生产、生活以及农村文化，还有各种具有乡土特色的风俗、习惯等，都会引起城市人的极大兴趣，也是农家乐可以包装凸显的特色。农（渔）家乐要避免盲目追求城市化、现代化。

3. 开发“乐”

“乐”是“农（渔）家乐”吸引游客的核心。发展农（渔）家乐必须瞄准城市人的兴奋点，充分挖掘田园乐趣、民俗乐趣以及农村生产、生活乐趣，努力为游客留下深刻印象。“农（渔）”中取乐，是“农（渔）家乐”的发展方向。农（渔）家乐的核心在于让游客们感受到乡间的乐趣，因此，游览活动安排中必须能发掘出让游客感受到乐趣的相关内容。在“乐”上做文章，不要仅局限于农家这个小圈子，要善于整合周边旅游资源，形成链条式环环相扣的“乐”事组合。

（三）注重娱乐性的民俗节事旅游活动

在乡村旅游活动中，旅游者不仅关注游览的内容，还会关注活动的娱乐性体验，因此，乡村旅游业户也借助目的地旅游行政管理部门的力量，依托民俗节事活动，强化游览项目的娱乐性元素，以丰富多彩的文娱活动，丰富游览内容。民俗节事旅游活动是以传统的乡村民俗节日、民俗活动、民俗文化及特殊物产为主题，以举办大型节庆活动为形式而进行的一种乡村旅游形式。乡村民俗节庆活动作为旅游景区或乡村旅游点的补充性内容，要处理好文化性与参与性、趣味性、娱乐性的结合，使节庆活动具有广泛的大众参与空间。旅游节庆活动能够在短时间内吸引眼球，聚集人气，改变丰富的资源养在深闺人未识的被动局面，吸引更多游客在特定时期前来观光、度假。一般来说，民俗节事旅游活动包括传统的民俗型节庆活动和创新型节庆活动两种。

（四）以休闲为主的乡村度假旅游活动

今后旅游业发展的一个明显趋势就是从观光旅游向度假休闲旅游的过渡，以休闲度假体验为主的乡村旅游活动也会成为旅游者感兴趣的旅游形式。

要想让游客以度假的形式常住乡村，浅层次开发的乡村休闲度假活动显然是很难留住游客，让游客愿意多日驻足于此的。因此，休闲度假旅游活动的设计必须深入挖掘乡村休闲体验的内涵与层次，形成乡村休闲度假的系列活动内容，才能够实现由短期观光到长期度假的旅游过渡。

乡村旅游目的地在设计休闲度假旅游活动时，应该充分利用得天独厚的自然风光、田园风光和乡村民俗文化等资源优势，深度开发休闲度假产品，可以设计以民俗文化遗产为主体的文化产品系列，以乡村山水、田园地头为基础的自然风光系列，以特色乡土美食、手工艺品制作为内容的乡村商品系列等，构建相互联动、相互配套、优势互补、特色组合的休闲度假产品系列。

（五）以野外探险为特色的户外运动旅游活动

乡村旅游应该重视户外参与性运动项目的开发，借助当地的自然环境优势，通过举办各种参与性的户外探险项目，发展专项旅游活动。常见的户外探险式的活动项目包括野外露营、自行车骑行、溯溪、攀岩、CS 野战等。随着城市生存压力和生活压力的增大，城市当中的旅游者，尤其是年轻旅游者，对于这种互动性的户外探险旅游项目尤其偏爱，他们认为这种形式能够让压抑的身心得到很好的释放。例如近几年比较热门的真人 CS 野战，作为一种新兴的时尚户外运动，它利用激光电子设备来模仿战斗的过程，参加运动的人员手持感应型冲锋枪，身穿迷彩军服在丛林与“敌人”展开激烈的“战斗”。在玩乐的同时，还能考验团队的协作能力及个人的潜能开发。

虽然目前国内户外运动仍然处于起步阶段，但这种健康积极的生活方式已经被越来越多的人接受，呈现逐年上升的趋势。乡村旅游地有其天然的自然资源优势，可以借鉴在欧洲国家发展比较成熟的“运动+度假”模式，对乡村旅游地的山地及水域户外产品开发进行总体规划。户外运动旅游活动应依托乡村旅游区的自然资源要素，在山林、水畔或溪流、崖壁等环境中因地制宜地开发设计。当然在设计开发中必须将旅游安全作为一项重要因素考虑进来。

（六）以突出民俗文化体验的古镇村落旅游活动

古镇村落对旅游者具有天然的吸引力，也是开发乡村旅游活动时可以依托的重要旅游资源。古镇村落旅游一般都是依托于乡村旅游区特有的原始村落、传统建筑、民俗传统节庆、民俗传统文化等人文旅游资源，以开发形成的具有独特的民族特征与浓郁的地域色彩的乡村旅游项目。

乡村旅游资源中，古城镇、古村落历经了岁月的沧桑变迁，承载着地域文化的传承与保护。古镇村落的旅游项目设计，应以多方位的民俗文化体验为主要特色，最大限度地保持村落文化生态的原真性。古镇、古村落一般都会有丰富的历史建筑以及其他历史遗迹的留存，这是设计观赏型游览内容的重要基础。古镇村落务必要保持村落古朴的原始样貌，切忌盲目开发，盲目追求城市化、现代化，进而损害了原始村落的原真性。

第二节　乡村旅游购物活动的组织与管理

一次完整的旅游活动应该包含吃、住、行、游、购、娱六大要素，旅游者在旅游过程中必然会产生购买当地特色旅游商品的需求，这在乡村旅游中也不例外。乡村旅游目的地一般都会有当地特色的手工艺品和土特产品，这些都为旅游购物活动的开展提供了得天独厚的条件。因此，在乡村旅游购物活动的组织中，我们也要着力于将当地富有特色的物产打造成游客喜爱的旅游商品，为游客提供更加丰富的旅游购物选择。

在乡村旅游中，可以被开发为旅游购物品的资源是很多的，如乡村物产、传统工艺、民风民俗、历史传说等，都可以视为旅游商品开发的素材。在乡村旅游开发过程中，不仅要善于挖掘现有的资源优势，还要注意实现与旅游市场的对接，能够引导或迎合旅游者的购物需求，从而实现良好的经济效益。

一、乡村旅游购物品的提供

（一）乡村旅游购物品开发的原则

1. 乡村旅游购物品的开发要与当地的文化主题相契合

乡村旅游目的地的旅游吸引物的要素可能有很多，但旅游者未必都能留下深刻的印象。因此，在乡村旅游购物品开发中，应重点开发与当地民俗文化相呼应的旅游商品，注意传承优秀的文化与传统工艺，以实现更好的推广效果。

2. 突出地域特色，增加文化附加值

地域特色是乡村旅游购物品区别于普通商品的重要特质，也是形成旅游吸引力的重要元素。因此在乡村旅游购物品的开发过程中，必须要依靠当地的资源优势，突出地域特色，同时强化商品的文化内涵，增加文化附加值。

要实现这一原则，首先要在商品的选材、生产工艺方面体现地域性和独特性，尽可能地表现出乡村特色及其环境、文化传统、风俗习惯、生活场景等相关特征。乡村旅游商品在制作工艺、生产流程等方面要原汁原味地呈现当地的乡土文化，体现原生态的特质。

此外，在乡村旅游购物品的包装上，也要凸显特色。可以尝试采用当地特有的原材料作为包装原料，注意兼顾审美特性和保存价值，以美观、便携、多样化的包装吸引游客的关注。良好的商品包装是促进商品销售的最佳广告，也是无声的推销员，它能引起旅游者的注意，唤起旅游者的共鸣，激发旅游者的购买欲望。乡村旅游购物品在包装材料的选择上要充分考虑到它的文化属性，因为不同的材料能体现不同的地域特色，传统的自然材料，如纸、竹、木、藤、皮革等天然材料，应成为乡村旅游购物品包装材料的主体，力争使旅游者看到包装材质就能联想到目的地的地域文化。

3. 扩大生产规模，实现多层次创新型开发

乡村旅游购物品要体现乡土气息，展示其独特性，除了要对历史的传承之外，还必须要在开发设计上下功夫。某些旅游购物品在经过长时间的演进过程中，其地方特色可能会逐渐弱化，这就必须要通过创新型的开发，使其能够重新焕发生机。我们可以通过商品功能、工艺、造型、款式等方面的创新，结合规模化的市场战略，充分运用新科技、新材料、新理念，丰富乡村旅游商品的档次和类型，以满足不同市场旅游者的需求。

4. 重视商标保护，走品牌化发展路线

在乡村旅游购物品开发中，应尤其重视品牌的创建，重视旅游购物品自身的品质打造，增强其在旅游者心目中的知名度与美誉度。对于旅游者而言，在众多质量相当的旅游购物品中，当地的品牌产品往往更能获得认可。因此，对于乡村旅游目的地而言，针对当地的优秀旅游商品，不管是土特产品还是手工艺品，都应通过依法使用注册商标、申请技术专利等，来强化其品牌优势。同时配合相应的营销宣传手段，提升品牌在客源市场上的影响力，使其更具竞争力。

（二）常见的乡村旅游购物品类型

1. 土特产品

土特产是指具有浓郁地方特色，以地方原料或地方工艺加工生产而成的产品。每个地域都因其自然环境的不同而出产不同的土特产品，尤其是乡村地区，土特产种类丰富，是旅游商品的重要形式。

2. 手工艺品

在乡村旅游购物活动中，手工艺品是旅游者喜爱的旅游纪

念品的典型代表。手工艺品一般都具有鲜明的地域或民族特点，体现了乡村所特有的地域文化，在兼具审美、实用价值的同时，还能具有较强的纪念意义。具有地方特色的手工艺品在乡村一般都有着悠久的历史和传统的工艺，在成为购物品的同时，也是当地民俗文化的重要呈现形式。因此，乡村旅游购物品在开发过程中可以适当融入民俗文化的体验内容。

3. 其他旅游用品

（1）乡村旅游户外装备用品。户外装备用品是开展登山、露营、溯溪等乡村旅游中的户外活动所必需的装备用品，如登山器材、滑雪器材、帐篷、睡袋、冲锋衣、电筒、自行车、烧烤炉等。在开发或配备此类商品的时候，要注意将乡村旅游资源的特色与客源市场需求相结合，不要盲目引进。此外，可以注意赋予商品一些地方特色元素，体现出目的地的一些相关信息，以达到宣传推广的目的。

（2）旅游快消品。旅游快消品是指在旅游过程中能够被快速消耗掉的各种商品，主要包括食品、饮料、特色小吃及日常必需品等。在乡村旅游商品开发中，常见的日常必需品、饮料及食物按照需求正常配备即可，而特色小吃等是开发的重点，尤其是即时性制作的小吃、饮料等，在不方便携带存放的情况下，可以作为旅游快消品，让游客在现场进行品尝、食用。一般情况下，旅游者在旅游过程中对此类商品的需求弹性是比较大的，因此可以将地方性的特色饮食引进来，增加旅游快消品的市场吸引力，同时也是对地方特色的一种展示。

4. 民俗用品

在广大的乡村地区，特别是少数民族聚集的乡村地区，人们在日常生活或民俗活动中通常会使用一些特殊的民俗用品，这其中很多都具有审美价值和文化意味，也可以作为乡村旅游购物品开发中的一个门类。

二、乡村旅游商店的经营

为了满足旅游者乡村旅游过程中的购物需求，乡村旅游经营者也需要配备乡村旅游商店。乡村旅游商店以乡村旅游购物品为主要销售内容，以乡村旅游者为主要销售对象，一般而言，规模不应过大，因为乡村地区的经济发展水平相对较低，缺少足够的经济基础做支撑，同时当地居民的日常购买力也相对有限。乡村旅游商店可以选址在景区入口或离景区较近的地方，也可以在居民自有住房中辟出一定的区域进行商品的经营，条件许可的情况下也可以建设乡村旅游购物或旅游土特产一条街。这样既能方便乡村旅游者的购物活动，也可以方便管理。

（一）乡村旅游商店的经营原则

1. 保证质量，诚信经营

产品质量是乡村旅游商店生存的根本，商家在进行经营时，要本着对旅游者负责的原则提供保证品质的旅游商品。旅游者在旅游购物时最担心的问题就是挨宰或被骗，为了给游客提供有序健康的购物环境，乡村旅游商店的经营者要诚信经营，不欺诈游客，合理定价。要摒弃只做“一锤子买卖”的短视做法，吸引旅游回头客，着眼旅游商店的长远经营。

2. 突出特色

乡村旅游商店在经营中要凸显当地的特色，将当地的优质土特产品、特色手工艺品作为销售的重点。同时在物品的包装盒陈列上要讲究艺术，力求包装精美且便于携带，也可以把同类商品集中陈列，方便游客比较和鉴别。

3. 提高乡村旅游商店经营者的素质

乡村旅游商店的经营者要努力提高自身素质，做文明有礼的导购员。经营者应深入了解关于商品的特征、性能等方面的知识，能熟练进行商品知识的讲解和导购，可以在购买过程中为旅游者提供中肯、实在的建议，积极引导旅游者的购买行为。

4. 合理布局，美化购物环境

乡村旅游商的经营者要合理布局商品的陈列，利用科学的展示达到更好的销售效果。与此同时要优化购物环境，做到整洁有序，增加当地特色的一些装饰用品，体现地域的乡土气息。

5. 创新灵活的销售方式

乡村旅游商品的经营者要采用多种形式让乡村旅游者在购买前了解商品的特征、制造工艺、性能功用等信息，可以通过张贴与商品相关的图文展示材料、现场的加工技艺展示或专门配备讲解人员进行介绍等形式，提升旅游者的购买兴趣，促进购买行为的发生。在条件许可的情况下，乡村旅游商店的经营者可以采取前店后厂的形式，既能让旅游者亲自参观工艺品的加工制作过程，还能对当地的乡土文化有更进一步的了解，同时还可以刺激消费者的购买欲望。

（二）乡村旅游商店的商品配备

乡村旅游商店的货品配备，要结合光顾当地的游客需要而定，与当地所开展的旅游活动也有很大的联系，也要考虑到当地的特产等。例如，如果当地开展一些水上娱乐项目，那么游泳圈、泳衣等就可以作为商店需要配备的商品。一般情况下，乡村旅游商店可以考虑配备具有以下特点的旅游商品。

1. 便于馈赠和携带

旅游者在外出旅游过程中除了会购买旅游商品自用或留作纪念之外，还会有馈赠他人的需要，这在讲求礼尚往来的中国是非常普遍的。人们通常会在旅游结束后给身边的亲朋好友带来一些从当地购买的旅游纪念品，作为对彼此情谊的重视。因此乡村旅游购物品要适合馈赠，同时包装上要便于旅游者返程携带，尽量做到轻便简洁。

2. 实用性

虽然乡村旅游者来自不同的地区，也可能会有不同的爱好，但对旅游购物品实用性的要求是普遍的。旅游者在选购旅游购物品的时候，会注重商品的质量、功能和实用价值，如是否可以自用、收藏或馈赠亲友等，然后再考虑购买。乡村旅游地的土特产品和特色工艺品也会是旅游者喜欢的购买对象，这些商品通常对旅游者有较大的吸引力。

3. 纪念性

旅游者一般会倾向于购买具有典型地域特征和象征意味的旅游商品，以作为曾到某地旅游过的纪念或凭证。

4. 新奇性

求新猎奇是旅游者常见的心理之一，在乡村旅游中，旅游者也会对新奇独特的旅游商品产生浓厚的兴趣和购买欲望。因此乡村旅游地的土特产品和特色工艺品也会是旅游者喜欢的购买对象，这些商品通常带有明显的地域特征，也会是当地风俗文化的一种展示，会对旅游者产生较大的吸引力。

（三）乡村旅游商店的延伸服务

在乡村旅游活动中，游客对服务的需求是多种多样的，乡村旅游商店除在向乡村旅游者出售旅游商品和提供售后服务之外，还可以提供一些相关的延伸服务，这既可以丰富自身经营内容，也能方便游客，还可以实现额外的经济利益。常见的延伸服务项目如下。

1. 参观服务

乡村旅游商店出售的旅游商品要么是当地特有的手工艺品，要么是土特产品，要么是旅游者日常所需的快消品。这些商品大部分具有一定的文化意味或审美特征，是当地风俗风物的一种展示，对旅游者而言也带有特定的审美意味，也是了解当地的民俗文化的途径之一。因此，对于采用前店后厂形式的旅游商店，可以借助资源优势给乡村旅游者提供参观了解工艺品制作的机会，还能向旅游者进行当地民间制作工艺的展示。

2. 寄存服务

旅游者外出旅游，一般都会随身携带行李，为了方便乡村旅游者购物或游览，乡村旅游商店可以结合当地游览项目的实际情况，设置相应的寄存物品的服务台，为乡村旅游者提供保管行李等服务。此项服务可以属于面向购物者的免费内容，也可以象征性地收取部分费用。寄存时要注意提醒旅游者把贵重物品随身携带，这样也可以减少一些不必要的麻烦，降低一定的风险。

3. 讲解服务

对于规模较大的综合性乡村旅游购物商店或购物一条街，可以视情况而定配备专门的讲解人员，为游客介绍商品的制作流程、发展历史、工艺特点、实用价值等内容，让游客能够对这些旅游商品有更深入的认识与了解。这种讲解，一方面可以起到宣传促销的作用，另一方面也可以让旅游者更加全面了解当地的传统文化和风俗习惯，也可以在一定程度上刺激旅游者的购买欲望，有利于旅游商品的销售。

4. 学习服务

乡村旅游者一般也会对手工艺品的制作产生浓厚的兴趣，能够提供制作当地手工艺品设施的商店，也可以为旅游者提供学习体验的机会。对于简单且能即学即会的手工艺品，可以现场进行传授制作，制作完成的工艺品可以让旅游者购买带走。而复杂耗时的手工艺品制作，在旅游者居住时间较长的情况下，也可以选择恰当的时间集中进行培训。这既可以成为旅游者体验乡村旅游的一项参与性项目，也可以对当地民俗文化、传统技艺的传承传播发挥积极的作用。

5. 亲情服务

广大的农村地区一般都是民风淳朴、热情好客的，当旅游者来到乡村旅游区的时候，无疑会受到当地居民的热情欢迎。旅游购物商店可以在商品销售的同时增加一些小的亲情式服务项目，方便游客的旅途生活，使游客既能感受到家的温馨，也能体现淳朴的民风。例如，商店可以提供打气筒，供往来骑自行车的游客使用；商店门口接出来一个自来水管，可以让驻足的游客洗把脸、洗洗手；商店的门口也可以摆放几张板凳，让疲劳的游客歇歇脚，稍事休息；甚至在信息化发展的今天，提供免费的 Wi-Fi 服务，方便旅游者及时了解网络信息……总之，这些微小的细节服务看似貌不惊人，但却能让旅途中的游客感受到浓浓的亲情意味，获得更好的旅游体验。

6. 咨询服务

乡村旅游者外出旅游，接触的是一个对他们而言相对陌生的环境，在旅游生活中很多方面都需要当地能够提供相关的咨询和解答。如果乡村旅游商店能够力所能及地帮助旅游者提供住宿、餐饮、旅游路线、交通票据的预订或购买方面的咨询的话，也能增加旅游者对于经营单位的好感，形成良好的口碑效应。

第三节　乡村旅游游憩设施的配备

开发乡村旅游的村镇，在组织旅游者开展游览、娱乐、购物活动同时，还要配备相应的游览休憩设施，以满足游客在参与乡村旅游活动时观赏、休息以及短时娱乐的需要。乡村旅游的游憩设施应充分融入当地居民的生活特点，最大限度地保持原汁原味的农家风情，切勿片面模仿城市的现代、奢华，这将有悖于乡村旅游开发与建设的初衷。

一、乡村游憩设施的配备原则

（一）原料取材天然，风格质朴

为了更好地体现原生态和乡野风格，建筑材料也应取材天然，或选用当地特有的建筑材质，体现地域特征。一般情况下可以选择原木质地、石材质地，甚至是秸秆稻草或海边地区的海草也都可以营造不同的建筑风格，还能带给游客天然纯粹的原生态体验。

（二）设计体现乡土气息，展现乡村风貌

乡村游憩设施在外观设计方面要展示浓郁的乡土气息和地域风貌，能够对区域范围内整体景观起到点缀的作用。乡村游憩设施不应等同于城市的现代化景观，应以乡村环境为依托，营造出传统农耕社会的乡野之趣、田园之乐，保留单纯、质朴的乡村审美意味。

（三）注重与自然或人文环境的契合度

乡村游憩设施应秉承师法自然、天人合一的传统理念，体现出建筑与自然的高度和谐。游憩设施要兼具实用与美观的双

重功效，而所谓的美观并不是奢华铺张，而是可以与当地的自然或人文环境融为一体，能够成为地域乡村风貌的展示载体。因此在建筑设计时，除了要在选材上体现乡土气息外，在格局样貌上也可以融入当地民俗文化中的一些特有元素。

二、乡村游憩设施的基本配置

乡村旅游的配套游憩设施，应充分结合乡村的自然条件和环境资源，综合考虑游客的游览活动特点，然后进行合理的配置。一般而言，基本的配置内容包括：观景平台、凉亭、休憩桌椅、景观廊道、消遣性活动设备、露营区、烧烤设施等。

（一）休憩桌椅

休憩桌椅是满足乡村旅游游客休息需要的最基本配置，也是乡村旅游区的重要构成元素。为了能够给游客提供舒适干净、稳固美观的休憩环境，休憩桌椅在外观设计、位置设立、材质选择等方面都要综合考虑。

首先，休憩桌椅在外观上应符合人体的生理需求，从高度、宽度到靠背以及表面处理等方面都要有科学的设计，座椅表面与靠背要适合人体曲线，以为游客提供舒适的乘坐环境为基本原则。

其次，从座椅的配置而言，方位上应采用面对面或垂直排列，以增加交谈或互动的机会。在设立位置的选择上，可以在乡村旅游区的步行道、广场等适当位置安置座椅。在可能的情况下搭配树木或墙壁等元素能为游客营造较为安稳的氛围。另外，座椅最好能选择在树荫下设置，或配备独立的遮阳伞，以满足遮阳或避雨的需求。

最后，座椅在材质选择上应尽量配合乡村旅游区内的自然环境特性，采用天然材质，如木料、石料、藤制品等，使其能够与周围环境相得益彰，体现美观与实用兼顾的原则。

（二）其他游憩设施

乡村旅游区中还可以根据自身情况，配备一些其他的游憩设施，例如消遣性的活动设备，秋千、吊床等，以增强设施的娱乐性和实用性，更好地满足旅游者的多样化需求。

（三）观景平台与凉亭

观景平台和凉亭的主要功能都是为游客在游览过程中提供短暂的休憩场所，休憩的同时还能够观赏到特殊的景观。一般情况下，凉亭具有遮阳避雨的功能，也是风景中的一种点缀，因此，凉亭的建造要兼具实用性和观赏型。而观景平台适于选择在视野开阔、景色怡人的特殊地点，可让游人在游览过程中止步于此，赏景小憩。

一般情况下，凉亭的造价相对较高，且对地形条件要求较高，而观景平台则相对简易，但需留意做好安全防护的设施和提醒。在乡村旅游建设中，可综合考虑修建成本和游客休憩需求两方面，观景平合与凉亭相互结合使用。此外在外观设计与主材选择方面，可以木材、石材等天然材质为主，体现质朴、原始的乡土气息。

（四）景观廊道

景观廊道在旅游景观中属于线状或带状的景观要素，廊道既能将不同的游览区域进行有机的连接，还能方便游客开展游览活动。廊道一般可以选址在两处景观的过渡地带，要兼顾赏景观景和游中休憩等功能，也要体现对现有景观的装饰或点缀，同时最好还能配备相应的遮阳顶棚和休息连椅等。

三、乡村旅游指示介绍系统的建设

在乡村旅游的游览设施中，也需要配备相应的指示介绍系统，对游客的游览活动进行指导说明，或者让游客对相关的资源有更进一步的认识与了解，同时还能唤起游客的环保意识，有效地保护当地的自然环境和历史遗址。

（一）乡村旅游指示介绍设施的功能

在乡村旅游中的指示介绍设施，一般具有以下三种功能：指引方向功能、资源说明功能及警示功能。

其中具有指引方向功能的指示牌是乡村旅游区的重要设施之一，游客可以在游览方向的标示引导下开展游览活动，确定行走路线。而具有资源说明功能的介绍设施则是主要针对乡村旅游区的特殊资源、视觉景观以及全区资源分布情况提供介绍和导览，方便游客全面了解各类游览信息。具有警示功能的指示牌则会放置在可能危及游客人身安全的地点，给予游客相关的安全提醒。

（二）乡村旅游指示介绍系统的种类

1. 静态的指示或介绍设施

静态的指示或介绍设施是指主要以文字、图片、模型标本等制作而成，实现信息资讯的传达。一般而言，静态的指示或介绍会涉及当地的游览中的指示信息、特色物产的介绍、游览项目的介绍、特色工艺品的制作工艺介绍等，通过这些资讯的传递，能够对游客的游览行为进行引导，同时也能加深他们对当地特有资源的认识与了解，激发参与的兴趣或购买的兴趣。

2. 动态的指示或解说设施

动态的指示或解说设施是以讲解员的实地讲解或以多媒体、视频录像、语音播放等作为解说介绍的形式，通过声情并茂的讲解或图文并茂的展示，与游客在互动中进行沟通，并将资讯信息传递出去。实地的口语讲解是动态解说的常见形式，有时是由专职的讲解人员负责，有时则是由游览活动中的参与者，如正在制作中的手工艺匠人等进行即兴讲解与介绍。除此之外，还可以利用现代化的技术手段，通过 LED 显示设备进行文字图片或视频的播放，达到指示或介绍的目的。

（三）乡村旅游指示介绍设施的常见形式

1. 解说牌

解说牌通常会设置在重要入口处或景观之前，用以进行旅游区概况的介绍、路线导览或该处景观景象的具体介绍。解说牌要易于看见且不破坏景观的整体美感，大小适中，内容简洁易懂，能够吸引游客的注意。解说牌的材质选择比较广泛，金属、石材、木材、陶土、塑胶等都可以。在材料选择时要综合考虑设置的地点、当地的气候、原始生态等因素，尽量能够持久耐用，不易被破坏。

2. 指示牌

指示牌通常设置在容易造成游客混淆的行进路线中，指示牌除了要指明方向之外，还应标示剩下的路程、行进的大致时间，甚至在高海拔地区还要标示海拔高度等信息。指示牌在设计制作上多以符号或简洁的文字为主，易于让游客辨识。在选材方面要考虑到露天环境下可以承受风吹雨淋日晒，能够持久耐用，同时还应与周围自然或人文环境相融合。色彩选择上可以以暗色为底，配以鲜艳的符号和字体。

第四节　乡村旅游的环境保护

开展乡村旅游的地区一般都属于自然或人文环境优越的地区，这些地区的生态环境相对脆弱，一旦遭到破坏，恢复会非常困难，尤其是对于生态环境、土壤和水体的污染，如果要恢复需要较长的时间。目前，有些地区在开发乡村旅游过程中，由于环保意识淡漠，或因片面追求经济利益而对环境产生了不同程度的破坏，这不仅会影响到当地居民的日常生活，也会影响到旅游产业的可持续发展。因此在乡村旅游发展过程中，要对环境进行有效的保护，使乡村旅游能够遵循“生态旅游”的模式实现健康良性的发展。

一、乡村旅游经营中常见的环境问题

（一）建筑垃圾污染

建筑垃圾污染主要指在开展乡村旅游的地区进行食宿、娱乐、游览等设施建设施工过程中对环境所造成的污染和破坏。主要包括工程建设所产生的固体垃圾（如碎砖、碎石块、石灰等）对土壤、水体、空气所造成的污染，以及工地的噪声污染。同时还包括盲目兴建豪华人工建筑物与乡村环境不协调而造成的视觉污染等。

（二）垃圾和固体废弃物污染

乡村旅游区的垃圾处理能力一般比较有限，因此生活垃圾与固体废弃物的处理问题普遍存在。此类污染物的主要来源为：餐饮业户的餐饮垃圾、游客丢弃的无机类垃圾（如易拉罐、啤酒瓶、废弃纸张等）及有机类垃圾（如瓜皮果核、食物残渣等）。

（三）旅游开发与经营活动所造成的污染

乡村旅游目的地居民为了从事旅游商业经营，如果不适当地使用当地的动植物资源，捕杀珍禽异兽、乱伐树木、破坏植被等，都会对当地的生态环境带来破坏与污染。除此之外，乡村旅游的经营业户的随意堆放、倾倒或垃圾填埋行为也会对生态环境造成污染。当然，游客的不文明旅游行为也会破坏自然生态的和谐，带来相应的污染。

（四）噪声污染

噪声污染主要包括汽车等机动车的噪声、游艇船舶的噪声、音响设备的噪声等，这些源自于城市的声音打破了乡村宁静的生活氛围，在一定程度上违背了乡村旅游的初衷。

二、乡村旅游中常见污染问题的防治

（一）乡村旅游大气污染的防治

乡村旅游中的大气污染主要包括机动车辆的尾气污染、燃料污染等，也包括少量的建筑施工过程中的粉尘污染。大气污染目前在我国形势严峻，因此一定要重视这一方面的方式，使乡村能永葆空气清新。

（1）改进燃烧设备，改变燃烧结构，推广除尘设备。一方面要改进燃烧设备，使燃料能够充分燃烧，减少烟尘等有害物质的产生；另一方面要对燃料进行选择和处理，改变燃料结构，推广使用天然气、沼气等清洁能源。尽量杜绝秸秆焚烧等行为。

（2）乡村旅游区内要合理规划、科学布局，例如厕所、污水处理厂、垃圾转运站等设施应建在主要游览区全年主导风向或旅游季主导风向的下风侧。停车场的选址要与餐馆、野营地、娱乐场等保持相应的空间距离，尽量隔离尾气污染。

（3）控制交通污染，核心旅游景区应尽量控制机动车辆的进入，推广使用环保交通工具，减少由于尾气排放所带来的大气污染。

（二）乡村旅游水污染的防治

乡村旅游水污染的污染源主要是生活污水。生活污水中存在大量的有机污染物，可以破坏水体的观赏功能、饮用功能以及破坏水生生态系统。乡村旅游水污染的防治应该从以下方面着手开展。

(1) 重视乡村景区内生活污水和厕所污水的处理，必须要能达到国家排放标准之后才能排放，不得随意向饮用水源或观赏水源排放生活垃圾和污水。同时对旅游者也要重视环保宣传，提醒旅游者不要将垃圾等废弃物投入溪流、湖泊或海洋中。

(2) 乡村景区内不得进行工业项目的建设，并应严格控制周边地区的工业建设项目，杜绝工业污染源。同时要防止高消，耗、高污染的工业项目向农村转移。

(3) 开展水上游乐项目的村落，水上游船应协调好非机动船与动力船的比例，各种水上游乐设施的使用要以不污染水体资源为前提。

(4) 大力推广生态农业，引导农户科学使用化肥和农药，发展高效、无污染的绿色肥料和有机肥料，推广高效、低毒和低残留的化学农药，保障食物供给环境的安全。

(三) 乡村旅游中的土壤保护

对于乡村旅游区的土壤污染，要贯彻“以防为主，防治结合”的环保方针，首先要从控制污染源着手，同时提升土壤自然的净化能力。在游客中普及土壤保护知识，使游客认识到践踏行为对土壤与植被可能造成的不良影响。加强对农用水源和污水灌溉的管理，避免带有不宜降解的高残留污染物随水进入土壤，引起土壤污染。同时合理使用化肥和农药，发展生物防治措施。增加土壤有机质的含量，增加土壤对有害物的吸附能力与吸附量，减少污染物在土壤中的活性，提高土壤容量和土壤净化能力。

（四）乡村旅游固体废弃物污染的防治

1. 旅游垃圾的处理

乡村旅游垃圾的处理可以结合农村的特点，将垃圾处理和利用可再生能源结合起来。对于农业生产中所产生的垃圾，如畜禽的粪便、农作物秸秆等，可以通过建设大棚、沼气池等，将各类垃圾集中在一起，形成循环使用的生态化使用机制。同时，在垃圾处理过程中，对于无污染性的垃圾，可采用就地填埋处理。总体而言，旅游固体废弃物的处理要做到系统化、无害化和责任化。

2. 旅游垃圾的收集

在乡村旅游区内，要配备充足的垃圾收集设施，这些设施中可以包括部分的固定垃圾箱等，也可以在旅游旺季的时候在游客集中的区域，如停车场、餐馆、商店、游客休憩区、热门景点等地方临时增加垃圾桶（箱）等。有条件的情况下，也可以实行分类收集，引导游客分类丢弃不同种类的垃圾。

在可能的情况下，乡村旅游区也要设立垃圾转运站和垃圾处理场，并要选择设立在远离水源地的地方。旅游旺季时，要保证垃圾每日清运，旅游淡季时可视情况而定。

三、关注乡村旅游的环境保护，推进旅游的可持续发展

乡村旅游的发展是以良好的生态环境为基础的，乡村旅游在推动区域经济发展的同时，也应该在乡村旅游资源的合理、永续利用、保障生态平衡等方面发挥积极的作用。

（一）保护特色的乡村文化环境

社会的城市化进程带来了现代化的生活方式，也对质朴的乡村文化带来了相应的冲击。乡村旅游在发展的过程中，应尽量避免向城市文化效仿、看齐，进而丧失自己独有的乡村特

色。当具有浓郁乡村风格的建筑被现代化的建筑所取代，当独特的民俗风情活动被淡化，乡村旅游也会失去它得以生存发展的土壤。所以在乡村旅游生态的保护中，文化原生态的保护也是尤其重要的。现代社会中很多东西都是可以创造的，唯独历史遗迹、传统民俗是无法复现的，它们一旦遗失或破坏，就很难复原。因此我们要重视对当地传统文化的传承与保护，不能随意构建乡村民俗风情的旅游项目。此外，还要考虑到当地居民的适应能力，以及居民与游客之间的相互影响。来自发达地区的旅游者对当地居民的价值观等会产生潜移默化的影响，如果不给予引导和关注，会异化当地的民族文化和生活习俗。所以，我们要强化对于当地民众的传统文化教育，提高他们对当地特色文化进行自我传承、保护和发展的能力。

（二）维护基础的自然生态环境

乡村旅游的开发要走生态效益型的道路，要充分考虑到当地资源、环境的承载能力，合理地开发利用。开发之前做好环境影响评价，避免破坏性开发。认真核定当地自然环境的承载能力和社会承载能力，确定适当的游客容量，通过游客容量的控制，避免自然生态系统的破坏。推广使用清洁型能源，减少有害物品的使用和废弃物的排放，尽量避免使用不可回收的一次性用品和塑料容器。鼓励旅游者参与生态环境的监督，宣传普及生态环保知识。

第十三章　乡村旅游营销

第一节　乡村旅游市场细分

面对有不同旅游需求和欲望的游客，任何乡村旅游产品都不可能满足市场上全部游客的所有需求。乡村旅游经营者只能根据自身的优势与资源，从事某方面的生产、营销活动，选择适合自己经营的目标市场，以满足一部分旅游者的相关需求。因此，乡村旅游要通过基本的市场细分来选定自己的目标市场，进行市场定位，以便制定有效的旅游市场营销战略和对策。通过市场细分的作用可以帮助乡村旅游经营者发现市场机会，掌握目标市场的特点，从而制定市场营销组合策略，提高乡村旅游企业的竞争能力。

乡村旅游市场细分是指企业根据旅游者特点及其需求的差异性，将一个整体市场划分为两个或两个以上具有相类似需求特点的旅游者群体的活动过程。由于旅游者的购买欲望、购买实力、地理环境、文化、社会、购买习惯和购买心理特征的不同，决定了旅游者之间的需求存在广泛的差异。通俗地讲，旅游市场细分就是将一个大市场划分为若干个小市场的过程，将在某一方面具有相同或相近的旅游需求、价值观念、购买心态、购买方式的消费者分到一起。

一、乡村旅游的需求类型

人们对乡村旅游最重要的需求可以抽象为一种对乡村“意象”的梦想，它是对“乡村之美”的追求，这种由乡村的“意象”给人们所带来的“乡村之美”，是乡村旅游业赖以生存和发展的永不衰竭的源泉，这不仅包含对乡村田园风光、民俗风情的审美欣赏，还包括对乡村生活与农业生产劳动体验的向往。随着乡村旅游市场从观光旅游向休闲旅游和康体度假旅游发展，乡村旅游的需求类型大致分为以下五类。

（一）对回归自然的渴望

由于我国城市生活环境越来越拥挤，城镇居民已厌倦了喧嚣紧张的城市生活，希望通过乡村旅游暂时远离喧嚣的生活环境，寻求一种回归自然的享受并通过参与各种农事活动获得身心的放松和娱乐。

（二）求新求知需求

我国城镇居民，平时跟农村很少有业务往来，由于长期生活在都市，他们缺乏对于农村、农事和大自然的基本了解，尤其是少年儿童，对乡村旅游地各种独特农村设施和淳朴民风民俗的好奇，使得越来越多的城市居民前去乡村旅游景区旅游，了解当地的文化习俗、民间艺术等，拓宽视野，感受文化艺术之美，扩大知识视野和陶冶情操，以满足自己求知求新的需求。

（三）怀旧情结驱使

首先，由于我国特殊的历史，很多人都曾下乡插队当知青，有过在农村生活、劳动的经历，这使相当一部分城市居民与农村、农民发生了或多或少的直接、间接的关系。这部分人多有重新感受那种田野风情，缅怀当年往事的怀旧情结。

（四）康体养生需求

随着我国老龄化时代的到来，除了传统乡村旅游业态以外，更出现了康体养生、山地运动等乡村旅游新需求，为乡村旅游的发展开拓了新的空间。乡村旅游者，希望能够享受城市环境所不能带来的精神上的感受及物质上的需要，因此他们会更加注重农村的生态环境是否良好，食品是否绿色卫生，空气是否清新等，同时在这里进行一些体育活动，强身健体。

（五）参与互动意识

随着旅游者的日益成熟，城市居民越来越期望能够主动参与到乡村旅游活动中。如以往对农家乐的需求，主要体现在餐饮上，最近几年游客期望“参与互动性娱乐”的要求越来越高，不但要求欣赏到独具特色的乡村旅游，而且还可以亲自采摘果实和干农活，或让游客参与乡村旅游商品的生产、制作过程，既充分调动了游客的好奇心，又能让游客体验到自己创作的意义，满足游客的心理需求。游客能够全方位地主动体验乡村生活，这样更能加深游客对乡村生活的印象。

当然，我国城市居民参加乡村旅游的需求是多方面的，并由此构成人们对乡村旅游的复合型需求。

二、乡村旅游目标市场策略

随着人们生活水平的提高，很多都市人都热衷于乡村旅游，使乡村旅游成为都市生活的主要部分。以城市居民为客源市场的乡村旅游开发可以考虑将适合自己的目标市场确定在周末工薪阶层乡村旅游市场、城镇学生乡村旅游市场、以家庭单位出游的乡村旅游市场以及私营工商业的业主、城市个体、离退休职工乡村旅游市场和入境游游客等几个细分市场上，见下表。

表　以市场为导向的乡村旅游动机和旅游产品开发形式

旅游动机（市场对产品需求）	旅游产品开发形式（或措施）
欣赏优美质朴的乡村风光（或田园风光）、回归自然、体验良好的生态环境	美化乡村环境，尽量保持乡村的自然性与原始性，村庄建设要规划，规模要限制，风格上要符合当地特色，体量与颜色要与大环境相协调，按季节变化种植不同农作物（水果蔬菜），营造独特的田园风光，体现人与自然的和谐
欣赏独特的民俗风情	让游客能直接参与体验真实的民俗活动，或以民俗馆（表演）进行集中展示
求知与教育孩子	介绍农业知识，让游客能参观或参与农事活动（工艺制作），体验农家日常生活
从事野趣活动	提供有关工具，开展垂钓、捕鱼、捉蟹、捉鸟等活动项目（必要时传授有关知识与技巧）
参观高科技农业园	运用现代高科技，开发集观光、采摘、制作、餐饮等为一体的多功能、富特色的农业园
欣赏独特的自然或人文景观	将独特的自然或人文景观直接转化为旅游产品（必要时挖掘与丰富文化内涵），让游客游览观光，并给游客介绍有关景观的文化内涵
品尝（购买）地方土特产	开发当地特有的粮食、蔬菜、水果、家禽动物、茶叶等土特产品，采用独特的烹饪技术，为游客提供地方特有的饮食品
参与娱乐活动	开发漂流、攀岩以及一些富有地方特色的竞技活动

乡村旅游产品是营销的载体，乡村旅游营销要继续加快产品的开发速度，适应目标市场的个性化需求。同时完善旅游产品的配套服务设施建设，提升旅游服务质量，提高市场的美誉度和认可度。根据各个旅游细分市场的独特性和乡村旅游企业自身的目标，共有三种目标市场策略可供选择。

（一）实施差异化策略

实施差异化策略，就是指乡村旅游企业根据各个细分市场的特点，相应扩大乡村旅游产品的种类，以充分适应不同消费者的不同需求，并以此制定不同的营销办法，从而扩大销售量。目前，乡村旅游产品雷同，市场竞争激烈，实施产品差异化策略迫在眉睫。实施差异化策略在具体的思路方面可以考虑：一是增加寻幽探险和健身内容，如定向越野、生存游戏、漂流、冲浪、空中滑翔、翼装飞行、帐篷营地等个性和时尚的旅游方式。农村的丘陵、山地、草原、河流和湖泊为这类活动的开展提供了条件。二是推出各项专题旅游，如“城市上班族，假日做农夫”“市民小菜（果）园”“教你编织和使用农具”等专题旅游，丰富旅游产品。三是注重开发休闲农业旅游产品。

（二）保持乡村文化特色

农村环境的独特性形成了城市居民对乡村旅游的巨大需求，乡村旅游开发应立足于自身的生态农业特色和文化特点，把相关文化资源、文化素材旅游化，提高文化品位，增强游客的参与性，设计出高质量的乡村文化旅游产品。乡村旅游经营要依据自身的地域环境，寻找独特的发展方向，并且尽可能地形成规模、形成景观效应。如滨州市香坊王村大地乡居、八大主题宾舍、一间房一个故事。以乡村闲置农宅为依托，集合地方风物特产与地域文化元素，创意出精致且带有浓郁地域标识的时尚乡土度假空间，打造集主题住宿、休闲餐饮、创意农礼购物、乡村沙龙活动等多种功能于一体的小而美的乡居艺术客栈。

（三）积极拓展产品组合

乡村旅游的精髓是自然生态与传统文化的完美结合，具有很大的市场发展潜力。可以通过对休闲度假、农业修学、考察、土特产品购物等类型乡村旅游产品的开发，拓展旅游产品组合宽度；通过与生态旅游和民俗文化旅游的紧密结合进行产品创新，增加产品组合的深度。具体思路有：与修学旅游相结合；与广博的乡村食文化相结合；与养老业开发相结合；增加乡村的科技含量。

进行乡村旅游市场细分，准确定位市场目标，主要是选择城镇区域或者经济发达地区中具有回归自然、享受自然甚至是保护自然等需求的旅游者。但由于各乡村旅游产品所处地理区位环境、资源特性、知名度、种类及其生命周期、主体经营实力及市场营销战略等的不同，在具体选择目标市场时也是不同的，所采用的策略也不一样。在实际操作中，要依据各地方经济状况、发展水平、交通状况等来确定目标客源市场区域和开拓市场的先后顺序。与乡村旅游产品距离近的市场和富裕起来的地区和人群都可以作为潜在目标市场。要改变由空间距离一种因素决定目标市场的做法，在目标市场选择过程中，要从营销主体资源、目标、竞争优势和市场规模等方面对细分市场进行评估，所选择的目标市场必须与生态旅游市场营销主体的经营目标、产品形象、所拥有的经营资源等相符合，否则，就应该放弃此类细分市场。

第二节　乡村旅游的产品策略

旅游产品是指能提供给市场，用于满足旅游者某种欲望和需求的旅游吸引物，包括提供旅游服务的载体、旅游服务、旅游活动场所、经历体验等。即旅游目的地向游客提供一次旅游活动所需要的各种服务的总和。乡村旅游产品是营销的载体，要继续加快乡村旅游产品的开发速度，适应目标市场的个性化、多元化的需求。同时完善乡村旅游产品的配套服务设施建设，提升旅游服务质量，提高市场的美誉度和认可度。乡村旅游产品要注重开发的功能，要求产品有独特的卖点，把旅游产品的功能诉求放在第一位。

一、旅游产品的生命周期策略

产品生命周期理论对于乡村旅游企业分析产品市场中的地位和发展趋势，及时开发新产品，改良过时产品，有针对性地制定正确的产品策略都有重大意义。生命周期是指旅游产品在市场上维持的时间长度，其中包括导入期、成长期、成熟期和衰退期四个阶段。

（一）推出期（导入期）

由于旅游产品尚未被消费者了解和接受，因此旅游者的购买很多是试探性的，几乎没有重复购买，导致销售量增长缓慢。并且为了使旅游者认识旅游产品，旅游企业又需要做大量广告和促销工作，使旅游产品的投入和销售费用较大，导致旅游企业往往利润极小，甚至亏损。

营销策略：当乡村旅游产品处于导入期，促销的主要目标是使旅游者认识乡村旅游新产品。乡村旅游企业宜以一种低姿态的方式，采用缓慢渗透策略进入市场，进行各种的广告宣传和营销公关，运用各种促销手段宣传，使市场尽快接受乡村旅游产品。通常的方法是媒体宣传或组织业内人士考察，直接邮件、微信（微博）促销。随着产品知名度打开，再慢慢提高价格，收回投资。

（二）成长期

由于前期旅游宣传促销的效果出现，旅游者对乡村旅游产品逐渐熟悉，越来越多的人购买乡村旅游产品，重复购买者也逐渐增多，使乡村旅游产品在市场上开始有一定的知名度，乡村旅游产品销售量迅速增加，销售额迅速增长，增长率在10%以上。

营销策略：当乡村旅游产品处于成长期，促销的主要目标是增进旅游者的兴趣与偏好，扩大乡村旅游产品的销售量。这时，乡村旅游广告仍需加强，但广告的重点在于宣传乡村旅游产品的品牌和特色，同时强化旅游公共关系的作用，旅游营销推广活动则应相应地减少。改进乡村旅游产品，进一步完善基础设施的配套建设，提高乡村的可进入性，同时加强促销，努力扩大市场占有率，增加乡村旅游产品品种，开拓新市场。

（三）成熟期

在这个阶段，由于很多的乡村旅游产品进入市场，扩大了旅游者对乡村旅游的选择范围，使旅游市场竞争十分激烈，加上一些新乡村旅游项目对原有旅游产品的替代性，使旅游产品差异化成为市场竞争的核心。但是销售额的增长幅度越来越小，一般在1%~10%。

营销策略：当乡村旅游产品处于成熟期，这时竞争者增多，广告侧重点应在于突出本产品区别于竞争产品的优点。同时要增加促销投入，给旅游者以优惠，配合使用人员推销和营销公关，以稳定乡村旅游产品的销售。同时应开发新市场，提升产品质量，提升旅游技能，旅游服务标准化，增加服务项目，用差异化战略来吸引旅游者，可从服务、价格或产品的功能等方面将自己与其他同类产品区别开，开辟多种销售渠道；开发新产品，适应游客日益变化的旅游需求。

（四）衰退期

衰退期是指乡村旅游产品进入了更新换代的阶段，由于新的乡村旅游业态已进入市场并逐步地替代老业态，除少数名牌乡村旅游产品外大多数旅游业态销售量逐渐减少。这时，旅游企业若不迅速采取有效措施使乡村旅游产品进入再成长期，以延长旅游产品的生命周期，则旅游产品将随着市场的激烈竞争以及销售额和利润额的持续下降而面临转型、转产或倒闭。

营销策略：当乡村旅游产品进入衰退期，市场上出现了旅游新产品，这时乡村旅游企业应以旅游营业推广为主，保持提示性的旅游广告，吸引偏爱的旅游者继续购买旅游产品，以便回收更多的资金；降价也是遏止或减缓衰退的最有效的办法，可将原投入的资源集中于一些最有利的细分市场和销售渠道中，缩短经营战线，适当改进也可以达到更新市场形象、刺激消费的作用，着手新产品的投放，完成乡村旅游产品的更新换代。

二、乡村旅游新产品策略

产品创新是现代企业发展的焦点。乡村旅游产品设计创新是一个以旅游目的地可持续发展为导向，全方位提高产品质量、拓宽产品功能的系统工程。它至少包含两层含义：其一，从单个乡村旅游产品项目来看，创新表现为充分利用旅游资源和促使旅游资源的有效配置，达到旅游产品质量的提高和功能的增强；其二，从产品生命周期过程考察，它贯穿于乡村旅游产品的规划设计、制造与维护、营销、消费等全部过程，是旅游产品质量创新、功能创新、管理创新的一种组合创新过程。

乡村旅游产品具有一般旅游产品的共性，但乡村旅游产品也具有其特殊性，因此，乡村旅游新产品开发要遵循：市场需求原则、注重特色原则、择优开发原则、可持续发展原则。

大理乡村旅游——择优开发

依托优美的自然风光、独特的民俗风情和保存完好的古镇村落景观，大理白族自治州通过彰显特色，择优开发打造一批特色旅游乡村，催生起一股“乡村旅游”热。首先是大理洱海东岸的千年古渔村双廊，随着乡村旅游业的发展，渔舟在波光粼粼的洱海上荡漾，延伸至湖面的半岛上白族民居式的客栈林立，使这个原本名不见经传的小渔村已经成为知名的旅游度假目的地，接待游客量达135万人次。在大理，双廊这样的特色旅游乡村还有很多。以特色产业为支撑的鹤庆新华村银器制作、剑川狮河村木雕制作；以民族风俗文化见长的云龙诺邓白族古镇、南涧宝华镇彝族“跳菜”之乡；以茶马古道文化为依托的剑川沙溪寺登村、弥渡密址古镇、祥云云南驿；以“农家乐”体验项目为主体的洱源梨园村、宾川鸡足山镇寺前村等旅游特色乡村已成为人们度假休闲的好去处。

旅游新产品的开发，是旅游业长期生存的必要条件，也是旅游企业保持活力和竞争优势的重要途径。乡村旅游企业通常可以采用以下几种策略开发新产品。

（一）乡村旅游全新产品导入策略

新产品通常需要大量的广告预算来唤起消费者的注意并促成最终购买。乡村旅游企业在旅游新产品投入期的策略思想重点应突出一个“快”字。在制定营销策略时，一方面，要认识到新产品的优势、特色，敢于在促销方面投入；另一方面，对竞争带来的风险、压力要有足够的估计，果断迅速地采取措施，促使它较迅速地进入成长期。把握市场变化、适应乡村旅游消费者的需要，抢占市场先机。同时，应加大广告宣传力度，运用各种促销手段，宣传产品特性，实行全方位推销策略，使产品尽快提高市场占有率。

（二）乡村旅游产品更新策略

1. 乡村旅游资源重组策略

乡村旅游资源是旅游产品开发的依托。乡村旅游企业开发新产品，必须更新资源观念，重新认识现有的旅游资源，一是以市场为导向组合资源，要能够激发旅游者的旅游动机，满足或创造旅游需求。二是以文化为纽带组合资源。可分别以自然要素为对象的生态文化、以宗教与民俗为主题的传统文化、以高新科技和新文化为代表的现代文化等多种类型的文化特色来组织开发新产品。三是以经济效益为导向组合资源。在充分利用和挖掘其旅游资源优势的基础上，推动乡村旅游资源的优化组合。

乡村旅游示范县提升旅游产品形象

河北涉县是全国休闲农业与乡村旅游示范县，具有悠久的农耕文化和丰富的乡村特色景观。为庆祝新中国成立60周年，涉县对全县红色旅游资源进行重新整合，主打红色文化牌。该县整合一二九师司令部旧址、左权抗日殉国公墓、晋冀豫边区政府等红色旅游景点，推出“游红色圣地，留红色记忆”“品农家饭菜，赏革命剧目”“轻松游览一二九师，深刻感受革命圣地”等系列红色套餐以及“当一天八路军”体验式活动，并新增加了推石碾、纺线等特色活动，让前来接受教育的青少年穿八路军衣、吃八路军饭、唱八路军歌，推出“红米饭”“南瓜汤”等特色美食，让游客追忆红色岁月的同时，一饱口福。

2. 乡村旅游产品升级策略

由于旅游需求的拉动与市场的不断完善，乡村旅游市场竞争不断加剧，必须通过产品升级策略不断地营造新的产品来延长旅游产品的生命周期，以满足不断变化的市场需求。

（1）提升旅游产品形象。旅游产品形象影响着人们对其心理的感知程度。提升旅游形象是指在原有乡村旅游产品形象的基础上提炼新形象，从而使旅游者从一个全新的角度来认识原旅游产品，并产生强烈的兴趣。

(2) 提高乡村旅游产品品质。提高旅游产品品质的一个重要途径是持续地对旅游产品规划设计与管理进行完善与改进，对原有旅游资源进行深度开发，不断丰富原有旅游产品的内容。包括实体产品开发（农副产品、乡村纪念品等）和服务产品开发（餐饮、民宿、教育、游乐等），与模式创新类似，需要本地化思维和跨界思维，如纵向的包括根据本地消费市场习惯及农产品资源情况，开发若干小而美（品质优良、包装独特、产品背后故事吸引人）的产品线，主攻景区在地消费。

(3) 提高旅游产品的科技含量。引入和应用高新技术，设计大创意、大手笔的旅游产品。如将城市儿童职业教育体验项目概念引入休闲农园，开发成乡村版的职业教育体验项目产品，将美国童子军训练营及网络游戏中的练级系统和荣誉系统引入乡村夏令营生存体验营项目产品中，促进消费者与项目的高度黏合。

三、乡村旅游的品牌策略

通观乡村旅游产品的发展情况，近几年逐步形成一些乡村旅游品牌，如浙江湖州乡村生态旅游、河南安阳林州太行大峡谷、洛阳市栾川重渡沟、西江千户苗寨、大理双廊乡村客栈休闲游等，乡村旅游渐为人们接受、认可，并慢慢成为周末放松、消闲的理想选择之一。

（一）品牌定位

乡村旅游要在众多旅游项目中取胜，一定要先进行品牌定位。乡村旅游品牌定位是根据乡村旅游的竞争状况和产品优势，确定其在旅游业中的竞争优势，根据乡村旅游者的需要和动机进行品牌定位，并通过其品牌形象设计，使消费者能选择其旅游产品。品牌定位是一个复杂的系统工程，从品牌差异性、乡村旅游产品的购买价值、传播媒体、经营管理以及技术和服务创新方面给予定位，目的是追求卓越、完善的服务。如乌镇的强势营销措施不但在短期内迅速提高了乌镇的知名度，更为成功的是，整个媒体中不断强化了水乡古镇的“虚拟形象”，即“水乡古镇就是乌镇那样”的一个品牌形象。

（二）品牌经营

乡村旅游产品是有形的物体和无形的服务的总和。它与别的产品不太一样，对于旅游产品来说后者更为重要。旅游是为了赚钱，但仅仅为赚钱还是不够的，一些景点的欺客行为引起游客的不满，正是说明服务承诺很重要。消费者支付费用是为了求得舒适，而不是花钱来买气受。因此，服务承诺要落到实处。品牌的营销也是一个推广作用，可以让外界了解本地，这种推广价值是无穷的，有些地方仅仅以一个旅游项目而闻名。例如山西省大寨过去是作为政治的宣传形象，如今它的乡村旅游却又适合城里人的口味，这样使其重新焕发青春。大寨通过这种方式可以把其艰苦奋斗的优良传统推广到全国。江苏华西村也把乡村旅游作为一个产业来抓，并成为推广其治村经验的一种方式，其价值却是无量的。一些富裕的农村都把其品牌营销作为一个重点来抓，河南南街村如今仍然矗立着毛主席像，并由专门人员值班，成为乡村旅游的一大风景线。假如把这一项内容取消，南街村旅游就没有什么特色了，也没有什么品牌而言了。所以每一个乡村旅游项目都可以有其品牌营销策略。

（三）品牌经营策略

品牌是一个企业的灵魂，在中国，适合大众的旅游是最受欢迎的。乡村旅游是项新兴产业，需要学术界和经营者的共同呵护，在品牌经营策略中，要善于学习国外在这方面的宝贵经验，乡村旅游品牌战略必须：①具有特色的乡村旅游品牌个性。有特色才能吸引人，乡村旅游最大困难是争取客源的压力，占领其市场份额也是取决于游客来源的多少，对乡村旅游也要严格遵循国家质量体系认证标准，使其标准化、系统化。②大胆引进 CI，为企业树立形象。CI 是一种产品和企业形象设计的总称，是指企业标志（Corporate Identity），指那些造型单纯、意义明确的统一、标准的视觉符号，一般是企业的文字名称、图案记号或两者相结合的一种设计。把乡村旅游作为一个产业来经营，树立乡村旅游价值观，最大限度地实现旅游企业的经营目标。

江苏盐城旅游标识

盐城新旅游标识中，蓝色与绿色代表了盐城的蓝天湿地，象征着盐城自然、和谐、美好的愿景，而鹤顶的鲜红，鹤羽的黧黑，麋鹿的褐色，和谐地组合，在展示盐城以生态湿地为主体的绮丽风光、优越的生态环境和丰富的生物资源的同时，也充分体现了盐城作为“中国优秀旅游城市”的平和与亲切，热情和包容，既反映了盐城的自然风貌、人文风情，也象征着旅游的舒适、安全与幸福。标识设计运用了中国画的写意技法，简洁、传神，似一幅水墨画，如梦如幻，灵动飘逸，充分展示了盐城旅游的独特魅力。

（四）品牌国际化

加入 WTO 后，我国乡村旅游也面临着挑战。外资也可以参与一些景区的经营，已经出现外国人经营农场、客栈、“洋家乐”等发展乡村旅游的形式。如北京顺义的意大利农场、通州的中以农场、大理喜林苑客栈等，这些乡村旅游产品和项目日益国际化，对我国乡村旅游提出了新问题。

大理喜林苑客找国际化模式

大理喜林苑（Linden Centre）客栈是美国人 Linden（林登）在大理开设的中国客栈，它依托于优美的自然风光、悠久的历史文化、丰富的民族风情和宜人的气温气候资源，以大理喜洲白族文化作为载体，把客栈置身于田野之中，置身于当地农耕文化及白族村民的现实生活之中，深度挖掘开发当地民族传统文化，满足了国外游客独特的生态型旅游体验需求，创造出文化、环境、教育“三结合”的高端生态旅游发展模式。喜林苑除以平时的文化交流和主题旅游活动来吸引、服务游客外，每年举办中西多民族圣诞晚会，邀请当地少数民族的中小学生、本地村民、外国朋友与游客共同联欢，联欢节目用英语同步向国际传播。不失时机地扩大文化宣传、进行网络市场营销，使这个文化会所性质的客栈，很快从一个乡村小客栈跃升为全球知名的国际文化交流会所，成为国际旅游目的地，成为美丽中国的一张名片。喜林苑获得了 TRIPAD－VISOR 年度最佳中国酒店奖、中国可持续旅游奖、Global Vision A ward 全国唯一奖、中国最浪漫最神秘客栈等称号。

喜林苑主要服务欧美高端客户，它让国外游客体验中国农村生活“家”的感觉，体验白族村落的宁静自然，形成了自己的特色：一是发展理念有别于传统的观光旅游，注重异域文化交流与度假旅游，注重田野生态休闲体验，让入住本身也成为一个旅游产品；二是以国外专家学者和国外学生团队为主要客户群体；三是利用信息网络和优质服务方式，并由精通英文和熟悉白族文化的专业人员直接与游客对话、服务，与国际旅游市场接轨，直接国际化；四是具有国际视野和国际水准的投资商及其职业经理人来开发营运，特别是经营团队都把此客栈经营当作一项自己发展成长的人生事业，特别用心、用情发挥各自的智力、心力和体力，注重细节和上乘服务，提高了乡村休闲度假旅游产品的国际竞争力，成为乡村旅游国际化发展的成功典型。

第三节　乡村旅游价格策略

在市场上，乡村旅游产品也同其他商品一样要通过交换来体现其自身的价值。乡村旅游产品价格，就是旅游者为满足自身旅游活动的物质和精神需要而购买的旅游产品的价值形式。从旅游者和旅游企业这两个不同的角度，可将旅游产品分为整体旅游产品和单项旅游产品。游客在旅游过程中可根据自己的需要购买整体旅游产品或单项旅游产品而形成几种基本的旅游价格表现形式，具体体现为：一是旅游包价，即指价格包括食、住、行、娱为一体的系列服务，又叫“一揽子旅游”或被俗称为“一条龙服务”；二是旅游单价，指旅游者零散购买一个整体旅游产品中的各个单项要素所支付的价格；三是旅游差价，是指同种旅游产品由于在时间、地点或其他方面的不同而导致的不同价格；四是旅游优惠价，是指在乡村旅游产品基本价格基础上，给予消费者一定的折扣和优惠价格。

昆明野鸭湖旅游度假区食、住、行、玩“一条龙服务”

野鸭湖度假区位于昆明东北风景名胜区金殿后10千米，以其优美的自然风光、新鲜的空气、环保无污的绿色食品和众多的娱乐健身活动项目，受到了省内外游客的好评和喜爱，成为昆明人节假日休闲度假地之一。实行旅游包价食、住、行、玩一条龙服务，包括可以划船、玩溜索、过吊桥、走情人谷、玩拓展等服务项目。

一般来说，乡村旅游企业产品的定价策略主要有新产品价格策略、心理定价策略、促销定价策略、改进价格策略和需求价格策略等。

一、新产品价格策略

所有的乡村旅游产品都有自己的市场寿命周期。乡村旅游企业应该根据旅游产品寿命周期各阶段的不同特点和变化趋势，从市场的需要出发，有针对性地对价格进行调整。

（一）撇脂定价策略

这种策略是指乡村旅游新产品上市初期，价格定得很高，随着时间的推移而逐渐降低售价。其目的是想在短时间内收回产品的研发成本并获取高额利润。这种策略属于高价格策略，由于这种策略宛如从牛奶上层中撇取奶油（脂），因而所制定的价格称为撇脂价格。

撇脂价格策略不仅能在短期内获取大量利润，而且可以在竞争加剧时采取降价手段，既可限制竞争者的加入，又符合乡村旅游消费者对待价格从高到低的客观心理反应。一般当市场需求较高时，适合采用这种定价策略。制定较高的价格，不会刺激更多竞争者进入市场，有助于形成新产品优质的形象；虽然有可能销售量不大且投入资本较高，但企业仍能获得高额利润。当然，高价也可能给旅游者带来企业“太黑”的印象，而损害到乡村旅游企业的形象。

这种定价策略作为一种短期的价格策略，适用于具有独特的技术、不易仿制、资源垄断性强、被替代性小、不容易迅速扩大等特点的乡村旅游新产品，利用消费者求新、求奇、求特的心理，迎合市场上高消费或时尚性的要求。如黄山风景区是中国 4 处、世界 23 处“自然和文化”双遗产之一，2002 年 5 月开始大幅度提高门票价格，而游客量却不降反升，究其原因，主要是资源垄断性强，被替代的可能性小。

（二）渗透价格策略

这种价格策略正好与撇脂定价策略相反，它是利用在旅游新产品投入市场时，消费者有求实惠的心理，将新产品以较低的价格推出来吸引消费者，以期很快打开市场，扩大销量，待销路打开后，再逐步提高价格。这种策略就像将水倒入泥土当中，水很快就会从缝隙里渗透进去，因而称这种策略为渗透价格策略。

这是一种低价格策略，由于价格偏低，有利于迅速打开旅游产品的销路，扩大市场销量，增加盈利。同时还能阻止竞争对手介入，易于旅游企业自己控制市场。但是，运用这种价格策略，也可能会导致投资回收期较长，若产品不能迅速打开市场或遇强有力的竞争对手，可能会遭受重大损失。因而，这种价格策略的运用要具备相应的条件：市场对价格高度敏感，低价有助于市场扩展；随着销量增加和经验的积累，企业能降低单位成本；可阻止竞争者进入市场。

渗透价格策略作为旅游企业的一种长期价格策略，往往适用于能尽快大批量生产、特点不太突出、易仿制、技术简单的新产品，如乡村的观光旅游类产品、民宿、农家乐产品等。但要注意游客因消费环境恶化或服务质量下降而不满。如有一家近郊特色自助火锅店新推出 30 元每位的价格，吸引了大量的周末游客，但因就餐游客太多，餐厅场地容纳不下，一部分游客不得不排队等候，不愿等候的游客纷纷离去，就餐的游客也因就餐场所过于拥挤喧嚣而烦恼，餐馆红红火火一段时间后，便又趋于沉寂。

（三）满意价格策略

这是一种折中价格策略，它吸取上述两种定价策略的长处，采取比撇脂价格低但比渗透价格高的适中价格，其方法是先搞期望价格调查和预测，根据消费者对新产品所期望的支付价格来确定。这种定价策略既能保证旅游企业获取一定的初期利润，又考虑了消费者的购买能力和购买心理，能够增强旅游消费者的购买信心，使消费者比较满意这种价格标准。因此被称为满意价格策略，有时又称为“温和价格”或“君子价格”。

二、心理定价策略

乡村旅游消费者尤其是对价格较为敏感的消费者，对乡村旅游产品或服务的认可、购买，往往是通过价格因素来判断的，因而就可在定价中利用旅游消费者对价格的心理反应，刺激消费者购买乡村旅游产品或服务。

（一）尾数定价策略

这种定价策略也称为非整数定价策略，即给旅游产品定一个带有零头数结尾的非整数价格，由于旅游消费者一般认为整数定价是概括性定价，这种定价是有水分的，是不准确的，而非整数定价则会使消费者认为是经过精确计算的最低价格，其价格是对消费者认真负责的、是合理的，因此，即便是产品定价稍高了些也觉得不太贵。因为世界各地的消费者有不同的风俗和消费习惯，所以不同的数字在不同国家和地区代表着不同的含义。如经营者可以较多地利用尾数 6、8 或 9 为定价策略，因为在中国消费者心目中认为 6、8 或 9 是表示吉祥的数字。“6”代表“顺”；“8”其谐音是“发”，有“兴旺发达”之意；“9”在人们心目中是“好事长久”。非整数定价策略可以使消费者产生价格偏低的心理感觉，例如认为 98、99 元是几十元，而 101 元则是一百多元。另外，非整数定价容易使消费者产生价格下降的心理错觉。因为当一种商品价格靠近整数以下时，会使消费者产生价格下降的印象，而当商品价格在整数以上时，会给消费者造成商品可能提价的印象，抑制他们的购买欲望。

（二）整数定价或方便定价策略

这种定价策略是指旅游企业在定价时，采用合零凑数的方法，制定整数价格。这是因为在现代旅游活动中，由于旅游产品或服务十分丰富，消费者往往靠价格高低来辨别产品的质量，对于一些旅游产品，实际很多消费者都不太内行，采用整数价格反而会提高产品的身价，使消费者产生“一分钱一分货”的感觉，从而促进旅游产品的销售。如乡村旅游活动中的一些民间历史工艺品、字画以及高档山庄、度假村的客房价格等往往采用这种定价策略。如租金 500 元一天的豪华套房不宜改标为 495 元。另外，对于一些乡村旅游小商品或散装商品可以包装成：1 元、2 元一小袋，便于购买或一次性使用，就没有必要定为 0. 8 元或 1. 8 元使得找零钱非常麻烦，这就是方便定价。

（三）分级（分档）定价策略

因为消费者对许多乡村旅游产品的需求是呈阶梯形状的，而有时旅游消费者对同类旅游商品又很难感觉到其价格的细微差别，分级（分档）定价策略就是把某一类旅游商品按不同品牌、不同规格、不同型号划分成若干档次，对每一档次的商品制定一个价格，这样标价就可使消费者觉得不同价格反映了产品质量上的不同品质，不但可便于消费者的挑选，也简化了商品交易的手续，同时还能满足不同消费者的消费水平和消费习惯。旅游企业中，旅行社经常采用这种定价策略，对同样的旅行线路产品就分为豪华、普通和特价三种价格，分别以不同的价格吸引不同的旅游者；客栈也常常采用这种定价策略来确定房价结构，对客房分级定价，制定不同的价格。但要使不同等级的产品在质量、性能、额外利益等方面有着明显的区别，使旅游者确信房价的差别是合理的。

（四）声望定价策略

这种定价策略是指针对消费者“价高质必优”的心理，对在消费者心目中有信誉的产品制定较高的价格，以满足某些消费者追逐有名气旅游产品、崇尚名牌、声望等的心理。一般来说，乡村旅游企业采用这种定价策略所制定的价格，往往为本行业中同类产品中的较高价格甚至为市场中的最高价。当然，运用这种价格策略必须慎重，如果滥用到一般性旅游企业及一般产品或服务中，就会造成消费者的厌恶，给商品销售造成损失。

浙江乌镇水乡古镇的声望定价策略

乌镇水乡古镇属于需求弹性系数比较大的乡村旅游产品，全国优秀的类似江南水乡古镇还有西塘、周庄等。乌镇门票为120元，而同时期与乌镇同是水乡古镇的周庄和西塘门票同为100元，结合游客对乌镇独具特色的江南水乡意境的向往，乌镇适度高于同类水乡古缜的定价，以打造品牌声望与影响力。其定价方式应该先从旅游者体验后的认知价值和产品成本之间找到平衡点为基础，来制定旅游体验产品价格策略。总体上是一种捆绑定价策略，即乌镇在将古镇全面景区化，并进而推向市场之际，就将乌镇景区内的各个景点设立一个总价格销售，把乌镇整个古镇作为一个整体景区，将多张景点门票汇成一张古镇游览门票，从而奠定了乌镇在江南水乡旅游市场中的领导地位。这样游客一张联票尽可游览完乌镇景区，不会再有额外的门票支出，极大地便利了游客，提高了当地的旅游收入。

三、促销定价策略

促销定价策略是指在制定价格时要考虑企业促销活动的需要，使价格的制定能够为促销活动服务。常见的旅游业的促销定价策略有价格领袖策略和专门事件定价策略。

（一）价格领袖策略

当乡村旅游企业为新推出的产品进行促销时，实行大幅度降价策略，在很短的时间内将价格降至成本以下以吸引旅游者。其目的在于鼓励旅游者大量购买产品，从而广泛扩大新产品的知名度。但这种策略也容易使旅游者对产品的质量或档次产生怀疑，并对其形成一个低档产品的印象。

（二）专门事件定价策略

指乡村旅游企业专门组织活动通过价格优惠进行促销，或利用节假日时机进行价格促销。采用这一策略，必须保证企业有. 足够的服务设施和服务人员。

云南巍山小吃节促销乡村旅游产品

近几年，巍山每年都会举办一次特色小吃节，让更多的人了解巍山小吃和巍山的历史。小吃节期间，巍山小吃街热闹非凡，一场百余种大理小吃聚集的特色小吃盛宴在古城摆开。商贾聚集，形成了兼容并包的饮食氛围。通过该项专门事件，打造巍山小吃一条街，树立了“吃在巍山”的品牌，同时，以优惠价格包装推出“永建东莲花村—巍山古城—巍宝山”巍山旅游半日游、一日游、二日游精品线路，提升了知名度。

我国的乡村旅游在知名度、资金实力方面相对于风景名胜区都处于弱势，目前我国开发的乡村旅游多是处于城市近郊或者景区（点）附近，其客源以城市周末、节假日休闲度假游客为主，家庭出游的比例大，主要出游形式为散客旅游，需求弹性大，对价格敏感性较强，所以在价格方面一般以低价为主，采取慢速渗透策略。

四、改进价格策略

据调查显示，一方面，旅游费用已不是影响人们选择是否出游的关键因素，大部分游客已具备了与旅游消费水平相对应的经济能力。但另一方面，又有 37.26%的游客因价格太贵而对旅游经历感到不满，且收入越高，不满意的比例越高，实际上游客抱怨的并非价格，而是价值。我国乡村旅游现处于旅游市场的低端，产品质量不高、价格低廉。所以在乡村旅游发展到一定程度后，应修正乡村旅游在旅游者心目中的低端产品印象，向上扩展产品线，从偏好价格竞争转向更为务实的品牌建设，减少低层次的价格战。应坚决消灭价格欺诈或价格歧视，最大限度地减少旅游景点的不合理收费或乱收费现象。

五、需求价格策略

需求价格策略就是以市场需求状况为依据，来决定乡村旅游产品价格的一种定价策略。市场需求旺盛、供不应求，价格可略为定高，以增强产品价格的盈利能力。相反，需求疲软、销售不畅，价格可略为定低，以增强产品价格的竞争能力。具体低到什么程度，要以满足乡村旅游企业最低盈利需求为前提，以不高于竞争对手同类产品价格为依据，以扩大市场销售的目标。

第四节　乡村旅游分销渠道策略

乡村旅游分销渠道是旅游产品与市场相对接的桥梁，也是乡村旅游赖以发展的支柱之一。目前乡村旅游存在重营销推介、轻渠道建设的现象。一般政府在对乡村旅游产品进行推介之后，许多企业并没有随之建立起有效的分销渠道。旅行社等中间商无利可图，在旅游线路设计中一般不愿意安排乡村旅游，使大量外地游客的潜在需求无法顺利转变成行动。致使乡村旅游企业无法很好地借助旅行社这个最有力的传统渠道。如何将自己的产品以最有效的方式销售给游客，在很大程度上影响到乡村旅游产品的生命力。

一、乡村旅游分销渠道的类型

乡村旅游分销渠道是指乡村旅游产品从乡村旅游企业，流转到消费者手中的全过程中所经历的各个环节和推动力量的总和。它是乡村旅游企业（作为供应商）如何利用旅行代理商、旅游经营商、旅游批发商、免费电话以及其他方式，向旅游者销售其产品或服务。也就是取得旅游产品或服务的所有权（使用权）或帮助转移其所有权（使用权）的所有企业或个人。就乡村旅游业来说，销售渠道的目的是方便顾客前往乡村酒店、餐馆以及景区景点享用其设施与服务。

由于乡村旅游市场、乡村旅游企业、乡村旅游中间商以及旅游者等多种因素的影响，乡村旅游产品分销渠道形成了多种状态，即使是同一种旅游产品，也可能通过不同的分销渠道进行销售。旅游企业管理者必须了解分销渠道的各种类型，以便进行分销渠道决策。

（一）直接分销渠道与间接分销渠道

根据乡村旅游产品在流通过程中是否经过中间商转卖来划分，可将乡村旅游产品的分销渠道划分为直接分销渠道和间接分销渠道。直接分销渠道是一种由旅游产品生产者在其市场营销活动中不借助任何一个旅游中间商，而直接把乡村旅游产品销售给旅游者的销售渠道，也就是所谓的零层次分销渠道，可以省去中间商的分销费用，以降低成本，提高效益。间接分销渠道是一种乡村旅游产品生产者借助旅游中间商向旅游者销售其旅游产品的分销渠道类型。销售渠道越长，中间商的数目越多，乡村旅游产品市场扩展的可能性就越大。但乡村旅游产品生产者对乡村旅游产品销售的控制能力和信息反馈的清晰度就越差。

（二）长渠道和短渠道

根据间接分销渠道中介人中间商层次的多少，乡村旅游产品分销渠道可以分为长渠道与短渠道。乡村旅游产品分销渠道较短，乡村旅游产品生产者承担的销售任务就多，也就能够较有力地控制分销渠道和进行价格、服务、宣传等方面的管理。乡村旅游产品分销渠道较长，乡村旅游分销工作就主要由旅游批发商和旅游零售商来完成，乡村旅游产品生产者对旅游产品分销渠道的控制就较为困难。

（三）单渠道和多渠道

根据乡村旅游产品生产者采用分销渠道的类型，乡村旅游分销渠道又可分为单渠道和多渠道。单渠道是指旅游产品生产者采用的渠道类型比较单一，如所有产品全部由自己直接销售或全部交给批发商经销。有时候，乡村旅游产品生产者根据不同层次或地区旅游者的不同情况采用不同的分销渠道。如在本地区采用直接渠道，对外地采用间接渠道，或同时采用长渠道和短渠道，这些都称为多渠道。这种多渠道结构也称作双重分销。一般情况下，作为旅游产品生产者的旅游企业规模较小或经营能力较强，可采用单渠道销售旅游产品。反之，则可采用多渠道，以便扩大旅游产品的销售覆盖面。

二、乡村旅游渠道的设计与应用

（一）传统营销渠道

传统销售渠道：即为企业—总经销商—二级批发商—三级批发商—零售店—消费者，此种渠道层级可谓传统销售渠道中的经典模式。传统的销售渠道呈金字塔式的体制，因其广大的辐射能力，为旅游产品占领市场发挥了巨大的作用。乡村旅游企业要找准与旅行社的利益共同点以双赢为理念提升这一渠道的价值，在挖掘强有力的旅游吸引物的前提下，选择一家实力强的旅行社共同合作策划旅游项目，并给其团队专营权，这样旅游项目就成为旅行社自已的郊区休闲游专利产品，使旅行社这个传统的营销渠道从被动走向主动。

（二）网络营销渠道

近几年来，小型旅游自助团队在乡村游客比例中大幅上升，且多为自驾车、家庭、亲友团。乡村旅游的散客比例更是占到80%~90%的市场份额，散客已经成为乡村旅游市场的主角，而散客第一次获取乡村旅游景区信息的主渠道是网络、电视和亲友的口口相传。国外一份权威调查显示：企业在获得同等收益的情况下，对网络营销工具的投入是传统营销工具投入的1/10，而信息到达速度却是传统营销工具的5~8倍，以互联网作为支撑的网络营销渠道已成为乡村旅游的重要选择。在此情况下，乡村旅游必须善于抓住旅游者，建立自己的网络营销渠道。网络渠道的建立可以选择借助知名的旅游网站和自建企业网站两种方式。

1. 微信营销

微信营销是网络经济时代企业或个人营销模式的一种，是伴随着微信的火热而兴起的一种网络营销方式。微信不存在距离的限制，用户注册微信后，可与周围同样注册的“朋友”形成一种联系，订阅自己所需的信息，商家通过提供用户需要的信息，推广自己的产品，从而实现点对点的营销。微信营销主要体现在以智能手机或者平板电脑中的移动客户端进行的区域定位营销，商家通过微信公众平台，结合转介率、微信会员管理系统，展示商家微官网、微会员、微推送、微支付、微活动，已经形成了一种主流的线上线下微信互动营销方式，发展空间仍然很广阔。

2. 自建乡村旅游企业网站

开发建立乡村旅游企业自己的网站，对有目的收集信息的旅游者来说，乡村旅游企业网站是其判定旅游信息的最终平台，网站应设立与乡村旅游企业有关的各种栏目，有利于旅游者了解更多、更准确的旅游企业内容。乡村旅游企业网站除展示乡村旅游风光、旅游项目、食宿信息、购物指南、自驾线路等必要内容外，还应设立即时在线交流窗口，随时解答访问者的问题；设立在线订购栏目，提供旅游企业折扣门票、折扣餐饮券等的在线购买，以优惠促销吸引旅游者最快做出购买决策，并经常依托乡村旅游网站开展旅游营销策划设计方案等有奖征集活动，以有效地提高网站的访问量。

3. 利用第三方网站的发布平台推广

乡村旅游自建网站能够提供丰富的旅游信息，促使旅游者做出旅游决策，但是，对不知道乡村旅游产品的旅游者来说，却很难自主访问到网站，这就要求景区还必须利用第三方网站的发布平台进行乡村旅游产品的推广，并建立起与旅游网站的链接。市场上有很多旅游网站通过向旅游企业提供在线的发布平台来帮助旅游企业推广产品和服务。乡村旅游企业首选的应该是本省的旅游咨询网，然后是行业知名网站，如携程旅行网、艺龙旅游网、同程旅游网、驴妈妈旅游网、途牛旅游网、融e购、美团网等，通过录入旅游产品信息形成网上门店，从而进行旅游产品的营销。这种服务模式容易实现，操作上也不复杂，为当前“一部手机游天下”的智慧旅游发展奠定了市场基础。

（三）建立乡村旅游推介点

以联合经营为纽带，在各目标市场区域选择专营性合作伙伴，共同组建旅游零售代理店，对旅游信息进行深加工，以强化咨询服务的增值功能，在实体连锁体系的支撑下实现旅游零售代理商品牌塑造。将乡村旅游推介店设在相近的辐射城市中心广场和生活区，一方面推介景区，另一方面提供景区门票、食宿折扣券销售、提供景区自驾线路，并提供发往景区的旅游车服务。乡村旅游企业可以自己建立推介点，也可以联合多家乡村景区联合打造乡村旅游景区自选超市，还可以借助社区便利店、购物中心、量贩、洗车行、客栈等设立旅游项目售卖点，提供自驾线路、旅游车服务，方便旅游者了解旅游产品信息并购买。

（四）开发游客的渠道价值

乡村旅游企业不能忽视游客，这其实是一种很有价值的营销渠道。企业通过向游客提供独特的旅游体验使游客获得满足，与他们建立一种朋友的关系而不是消费关系对乡村旅游产品有至关重要的意义。乡村旅游的目标消费者一般以家庭、单位或亲朋好友圈为主体，旅游者很愿意将自己的旅游体验传达给周围的人群，并给他们提供可信任的旅游建议，鼓励游客在微信朋友圈里发信息。因此，满意度高的游客是旅游产品最有说服力的渠道载体。

一般而言，对于处于新投入市场的乡村旅游品而言，宜采用“间接销售渠道”，即与旅行社合作，尽快打开市场。可以聘请经验丰富、社交广泛的营销人员，向选定的旅行社直接推销，提高他们对新产品的支持度，通过定价优惠、结盟合作等方法联合促销，获取充足客源。发展壮大已进入成熟期的乡村旅游产品，宜采用“直接销售渠道”，设立企业自己的销售网点，既掌握了主动权，又节省了费用。由于乡村旅游产品本身的不可储存性、季节性，建议选择“短渠道”，因为过多层级的中间商会使产品成本提高，也会使本来新奇的乡村旅游产品因过时而失去消费市场。

第五节 乡村旅游促销策略

乡村旅游促销是指乡村旅游企业通过各种传播媒介向目标旅游者传递有关企业和乡村旅游产品的信息、帮助旅游者认识旅游产品所能带来的利益，引起旅游者的注意、了解和兴趣，刺激旅游者的需求，影响旅游者的购买行为，从而达到促进乡村旅游产品销售的目的。简言之，乡村旅游企业促使旅游者对旅游产品产生消费愿望的行动，就是旅游促销。通过乡村旅游促销可以提供乡村旅游信息，沟通供需关系；刺激乡村旅游需求，引导消费；突出产品特点，强化竞争优势；树立良好形象，加强市场地位；冲销淡旺季差异，稳定销售。乡村旅游促销组合策略是企业为了满足市场营销战略目标的需要，综合运用各种可能的促销策略和手段，组成一个系统化的整体，使企业获得最佳的营销效益，实现营销战略目标，谋求乡村旅游企业长期稳定的发展。由于促销目标、主体、产品形式等的不同，促销组合在方式的选择和编配上也存在差异，人员促销、销售促进、公共关系及人员推销等各种促销方式要齐头并进，综合考虑促销对象、推式策略与拉式策略及旅游产品生命周期阶段。

推式策略与拉式策略

推式策略，即乡村旅游企业利用人员推销或中间商把产品推入分销渠道，最终推向市场。这种推销策略要求人员针对不同顾客、不同产品采用相应的推销方法。常用的推式策略有示范推销法、走访销售法、网点销售法、服务推销法等；拉式策略也称吸引策略，一般是通过使用密集型的广告宣传、销售促进等活动，引起大众旅游者的购买欲望，激发购买动机，促进产品需求。

一、乡村旅游广告策略

（一）乡村旅游广告的概念

乡村旅游广告主要是指由旅游企业出资，通过各种媒介进行有关乡村旅游产品、服务和信息的有偿的、有组织的、综合的、劝服性的、非人员的信息传播活动。乡村旅游广告不同于一般大众传播和宣传活动，有着传播面广、有强烈的表现力与吸引力、有偿性，通过传播媒体间接传播，具有声音、色彩、影像等艺术和技术手段优势等特点。随着新媒介的不断增加，依媒介划分的广告种类越来越多，有报纸广告、杂志广告、电视广告、电影广告、网络广告、包装广告、广播广告、招贴广告、POP 广告、交通广告、直邮广告、车体广告、门票广告、餐盒广告等。

乡村旅游广告是乡村旅游企业投资发布的、推动乡村旅游产品销售的一种重要手段，要求广告制作人掌握广告宣传的特点与方法，并紧密结合乡村旅游产品的特点和特性，通过有形的视觉效果或劝服性的宣传途径，以迎合旅游者的消费行为与消费心理为目的，有效地推介乡村旅游产品。运用得当，可以很好地树立乡村旅游企业与产品形象，提高知名度；传播乡村旅游信息，促进市场开拓；宣传乡村旅游企业产品特点，激励需求；传播乡村社会文化，丰富文化生活。

（二）乡村旅游广告媒体决策

乡村旅游广告必须通过一定的媒体才能传达给旅游者。旅游广告媒体就是选择传播广告信息的媒体类型。乡村旅游企业要突出强调媒体报道的作用，重视广告的营销价值。旅游广告可选择的媒体很多，作为乡村旅游产品，我们可以通过户外广告，如候车亭广告、楼顶广告、车体广告等有助于潜移默化地推广和宣传乡村旅游产品的手段，让乡村旅游产品“上媒体”。

（三）乡村旅游广告的创意营销

首先，创意是灵魂之所在。乡村旅游广告策划中的创意，必须是整个广告活动的中心，是旅游广告活动的灵魂，是乡村旅游的卖点。乡村旅游广告创意要取得成功，可以从新颖出奇、逆向思维、乡土文化是永恒的源泉、寻找新的渠道、农耕文化再造、唯有真善方为美、感情是通向心灵的捷径、选择名人等方面入手。

其次，口号是点睛之笔。要在主要客源市场树立起较高的知名度，需要有力的促销活动。将乡村旅游的特点、风格浓缩成一个形象化的标志，将促销主题提炼成一句口号，以此统领对外促销的各种活动，使产品简短易记、节奏鲜明、便于上口、合乎韵律、顺应时尚，一经使用，能较快地在旅游市场上树立一个整体、生动的形象。乡村旅游广告中的口号经常与乡村旅游企业名称、标志放在一起使用，形成企业的重要标志。

二、乡村旅游营业推广

营业推广又称为销售促进，是指乡村旅游企业在某一特定时期与空间，通过刺激和鼓励交易双方，并促使旅游者尽快购买或大量购买乡村旅游产品及服务而采取的一系列促销措施和手段。乡村旅游营业推广具有非常规性、灵活多样性、强刺激性、短程高效性的特征，强调的是在特定的时间、空间范围内，采用一系列的促销工具，对供需双方的刺激与激励，其直接的效果是使旅游者产生立即购买或大量购买的行为。

乡村旅游通过营业推广可以迅速、有效地加速新的乡村旅游产品进入旅游市场的进程；可以有效地抵御和击败竞争者的营业推广促销活动；有助于诱导旅游者重复购买；有利于增加旅游产品的消费、提高销售额，并带动本企业关联产品的销售，如一些客栈对旅游者的标准间的促销活动常常也能带动套房、餐饮及其他娱乐活动的销售。当然，营业推广只可能在短时期刺激购买，一旦营业推广结束，可能会面临“销售冷淡期”。因此不能过分依赖营业推广招揽生意。

（一）乡村旅游营业推广的方法

针对消费者目标来说，其目的是使已有购买意愿的消费者尽快做出购买决定，包括鼓励现有消费者大量购买乡村旅游企业的产品、吸引更多的潜在消费者购买，或争夺竞争对手产品的市场等。常采用的推广方式有：邀请消费者和旅游中间商到乡村旅游目的地进行免费旅游活动，举办或参加国际旅游展览会或博览会，赠送优惠券、赠送各类小纪念品、小礼品等。

针对中间商目标来说，其目的是调动旅游中间商的积极性，鼓励中间商大量购进并出售乡村旅游企业的产品。常采用的推广方式有：编制小册子、开展销售竞赛、给予津贴或补贴、让价折扣、举办和参加国际旅游展览会或博览会等。

针对本企业的推销人员目标来说，其目的是鼓励推销人员多成交、开拓更多的潜在市场。如组织销售竞赛。这种做法主要适用于中间商及本乡村旅游企业的推销人员。一般由乡村旅游企业发起，通过有奖问答或设立销售额奖等形式，激发他们经销本企业产品的兴趣和积极性。对于获奖者，乡村旅游企业将给予一定的物质和精神奖励，如免费旅游、提高折扣和佣金等。由于这种方法能有效地激发销售人员的积极性，因而被大多数旅游企业定期或不定期地采用。

（二）乡村旅游营业推广的实施过程

乡村旅游企业可以通过旅游营业推广的有效实施，达到增强吸引力，把顾客直接引向产品，快速激发需求，临时改变消费者购买习惯的效果。

1. 乡村旅游营业推广方案的策划

（1）确立乡村旅游营业推广目标。确定乡村旅游营业推广目标就是要回答“向谁推广”和“推广什么”两个问题。因此，乡村旅游营业推广的具体目标一定要根据目标市场类型的变化而变化，针对不同类型的目标市场，拟定不同的乡村旅游营业推广特定目标。例如，针对旅游消费者而言，目标可以确定为鼓励老顾客经常和重复购买旅游产品，劝诱新的消费者试用等；针对旅游中间商而言，目标可以确定为促使中间商持续地经营本企业的旅游产品和服务，提高购买水平和增加短期销售额等；针对旅游推销人员而言，目标可以确定为鼓励推销人员大力推销旅游新产品和服务，刺激非季节性销售和寻找更多的潜在旅游者等。

（2）选择乡村旅游营业推广方法。乡村旅游营业推广方法是多种多样的，每种方法都有其各自的特点和适用范围。在实际中，要针对不同的乡村旅游营业推广目标选择不同的方法。

（3）制订乡村旅游营业推广方案。确立了乡村旅游营业推广目标，并选择了适当的营业推广方法，接下来就是着手制订具体的乡村旅游营业推广方案。一般制订一个完整的营业推广促销方案要考虑以下几个方面的内容：确定刺激的规模、选择营业推广对象、决定营业推广媒介、营业推广预算分配。

度假酒店的“错峰”营业推广

某城郊W酒店为休闲度假型酒店，周平均开房率为60%左右。周五、周六、周日为高峰期，开房率几乎为100%，住房供给不足，不得不婉拒顾客，而周一、周二、周三入往游客则较少，开房率仅为25%，周四入住率为45%。为改变客房销售不均状况，W酒店设计了一套针对客房的营业推广计划，即周四维持现有房价不变，周五、周六、周日房价上浮50%，周一到周三房价下调25%，实施这一营业推广方案一段时间后，W酒店周一到周三的客房开房率上升到50%左右，周四的开房率为60%左右，周五到周日的开房率为70%左右。周平均开房率仍然为60%左右，但由于平均房价较高，酒店收入增加，而且顾客满意度上升，酒店经营高峰期压力减轻。“错峰”式营业推广取得了理想的效果。

2. 旅游营业推广方案的实施

乡村旅游营业推广方案的实施必须根据计划按部就班地进行，并及时解决出现的问题，并做出相应的调整。

3. 乡村旅游营业推广效果评估

乡村旅游营业推广活动完成后，对其效果进行评估是检验推广促销是否达到预期目标，以及促销花费是否合算的唯一途径。评估效果既包括短期效果，也包括长期效果。但在很多情况下，长期效果的衡量只能采用定性或定量预测的方法来判断估计，而且结果也比较粗略。因此，效果评价多数侧重于短期效果的评估。尽管推广效果评估方法很多，但最普遍采用的一种方法是把推广之前、推广期间和推广之后的销售情况进行比较，因为短期销售量的变化幅度是衡量旅游营业推广效果的最好依据。

三、乡村旅游人员推销

人员推销是最古老的一种传统促销方式，同时也是乡村旅游现代企业中最常用、最直接、最有效的一种促销方式。乡村旅游人员推销是指推销人员与消费者直接沟通交流，传递旅游产品信息，促成买卖交易实现的营销策略。在应用人员推销形式进行乡村旅游产品的促销中，推销人员要获得推销的成功必须在互惠互利、使用价值观念、人际关系、尊重顾客等的原则下进行有效的推销。

与其他沟通与促销形式相比，乡村旅游人员推销的最大特点在于能充分发挥推销人员的作用，直接深入用户，与客户进行双向沟通信息的传递，并通过观察客户反应来捕捉商机销售旅游产品，获取市场信息，人性化地向现实客户和潜在客户提供各种服务。由于推销人员与客户“面对面”进行沟通与促销，人员推销成功率高，但费用大、成本高。乡村旅游人员推销具有沟通与推销的直面性、双向性及因人而异的针对性等特点。乡村旅游人员推销属于直接促销，它有以下几种方式。

（一）营业推销

营业推销包括两种类型：一种是乡村旅游企业内部销售人员在办公室内用电话来联系洽谈业务，接待来访购买者和咨询者。另一种是乡村旅游企业其他各个环节的从业人员，在为消费者提供服务过程的同时销售自身产品的活动。这种推销方式的特点是：旅游者主动向推销人员靠拢，推销人员能依靠良好的销售环境和接待技巧完成推销，满足旅游者需求。

（二）派员推销

派员推销是指乡村旅游企业派专职推销人员携带乡村旅游企业及旅游产品的宣传资料走访客户进行推销的方式。这种方式的特点主要体现在：推销人员主动向潜在的旅游者靠拢，推销员同旅游者之间的感情联系尤为重要；它要求推销人员有百折不挠的毅力、良好的沟通能力与谈话技巧。

预设前提——餐饮现场推销的技巧

以前服务员总是问游客："先生，您喝点什么？"结果在很多时候游客就点最大众化的饮料：雪碧，有的游客则干脆说："不要了。"一段时间下来，饮料的销售额平平。后来经理要求服务员换一种问法："先生，我们餐厅有椰汁、杧果汁、胡萝卜汁等，您要哪一种饮料？"结果很少有游客再点价格相对较低的雪碧，转而选择价格相对较高的椰汁、杧果汁或胡萝卜汁中的一种。这以后，饮料的销售额有了明显的增长。在心理学上有个现象叫"沉锚"效应，即在人们做决策时，思维往往会被得到的第一信息所左右，第一信息会像沉入海底的锚一样把你的思维固定在某处。服务员在推销饮料等产品时，注意不要以"是"与"否"的问句提问，这种问句的答复往往是要或不要。如果以预设"游客当然要买"为前提，然后以选择性的问句提问，这样游客往往是从中做出一个自己喜欢的选择。

（三）会议推销

会议推销是指乡村旅游企业利用各种会议，如各种类型的旅游订货会、旅游交易会、旅游博览会，介绍宣传本企业的旅游产品的一种推销方式。这种方式的特点是群体集中、接触面广、交易中客户心理较为轻松，因设防而产生的抵制阻力较小，对客户影响力极大，因而成交量大。

四、乡村旅游公共关系

乡村旅游公共关系是指旅游企业以目标公众为中心，以信息和自身形象为重点，以现代传播沟通工具为媒介，协调乡村旅游企业和社会公众关系及旅游企业内部关系，增进乡村旅游企业与社会公众之间及企业内部的相互了解、支持与合作的一种现代经营管理行为。乡村旅游企业开展公共关系的目的在于树立旅游企业在公众心目中的良好形象和声誉，增进其知名度、美誉度和信誉度。公共关系作为企业市场营销中一种重要的促销方式，其职能主要有收集与企业决策相关的重要信息、树立乡村旅游企业与产品形象、促进乡村旅游产品销售、沟通协调，参与旅游企业重大事务决策，增强企业内部凝聚力，应对突发事件，进行危机公关等方面。

旅游有文化承载功能，但又根本上要求商业的成功，因此要用公共关系的方法提升旅游业发展水平，为旅游创造新的空间。旅游公共关系方法的分类很多，乡村旅游企业可运用多种公关手段，开展针对新闻界、社会公众、企业内部员工的公关活动。

（一）新闻公关

新闻公关是指利用或策划有吸引力的新闻事件，吸引媒体报道以扩大乡村旅游企业影响。由于新闻界是站在旅游企业和旅游者之外的第三者立场上，能客观公正地提供信息，因而可信度高，往往会起到广告难以起到的效果。有时甚至由于新闻公关做得好，能产生轰动效应。新闻公关，是一种高效、低成本的品牌扩张策略。新闻宣传的权威性是任何品牌传播方式无法比拟的，新闻宣传对树立乡村旅游企业品牌形象和建设乡村旅游品牌美誉度都非常重要。此外，通过许多公益新闻事件，还有利于处理乡村旅游企业与政府、公众、社团及商业机构的关系。此外，精心策划的旅游新闻还能吸引媒体的眼球，促使他们主动参与其中进行采访、发布、转载、转播等行为，以达到传播的最大影响力。

新闻公关的关键是与新闻界建立良好的合作关系，尽可能满足新闻界合理的要求。乡村旅游企业要掌握新闻特点，按照新闻规律及时为新闻单位提供其感兴趣的话题，结合乡村旅游产品和品牌的需要，通过新闻媒介，树立乡村旅游品牌形象和品牌个性，实现改变消费习惯，创造消费需求，营造良好的外部发展环境等营销目标的营销沟通手段。但是在利用或策划事件时，切忌胡编滥造，炮制“假新闻”。

巧借契机　制造新闻

在安徽阜阳卷烟厂工作到上海探亲的张泽生与妻子、女儿一起到慕名已久的中华商业第一街南京路上购物，在新开张的中联商厦，他们买了一台微波炉，乘电动扶梯下楼时顺手将微波炉搁在电梯的胶带扶手上。不料顺势而下的微波炉撞到了悬挂在边上的一大型商品导购灯箱，只听到一声巨响，灯箱坠地后粉身碎骨。修复灯箱费用高达6 000余元，张泽生一听目瞪口呆。“谈判”中，张泽生实事求是地承认是由于自己不慎造成灯箱毁坏理应赔偿，但请求商厦能减少赔款数目，经理听后主动提出协议方案，为了不使顾客因赔偿而陷入困境，张泽生只需赔偿人民币1元，其余全部由商厦承担。张泽生夫妇激动得热泪盈眶，即赶到《新民晚报》社，向报社同志介绍有关情况。2月27日《新民晚报》以《撞坏导购灯箱，赔偿一元了结》为题详细报道了张泽生夫妇在中联商厦的奇遇，此事立即造成了轰动效应，申城街头巷尾人们议论纷纷，盛赞中联商厦，有的还特地到南京路去看看这家刚开张的新商厦。

（二）参与社会公益活动或借助娱乐节目公关

乡村旅游企业可以根据自身需要量力而行，有选择地参与社会公益活动或借助娱乐节目进行旅游宣传，如参加赞助政府、行业协会、社区等单位或组织举办的环保活动、民族文化活动、学术研讨、体育竞技、教育事业、慈善等活动，通过对社会公益事业提供支持与赞助，在奉献爱心的同时，树立企业“义”与“善”的社会形象。通过娱乐节目或参与社会公益活动，巧借外力，也可把营销做得风生水起，同时还节省了成本，其精髓就在四两拨千斤的“借力”上。

（三）印制各种宣传资料公关

乡村旅游企业可以通过印制企业产品小手册等印刷品来进行公关宣传，还可以通过设计旅游企业的乡土民俗制服、企徽、带有企业标志的名片等能展示乡村旅游企业形象的形式进行公关宣传。宣传方面的思路应该是融入本地的特色文化，让其旅游产品具有当地文化内涵，从而能“走出去”；通过举办各种推介会、说明会、发放宣传册等，开展形式多样、丰富多彩的宣传活动，将外界的游客“请进来”。

小燕子的一封信

日本奈良市效区有一家民宿，环境优美，服务生招待游客热情，很吸引顾客。但美中不足的是每年春季，许多燕子争相光临，在房檐下营巢安家，排泄的粪便弄脏了玻璃窗和走廊，服务小姐擦不胜擦，使得旅客也有点不愉快。民宿主人爱鸟，不忍心把燕子赶走，但又难以把燕子粪便及时、彻底地清除，很是苦恼。民宿经理忽然想出一条妙计。他提笔写道：

女士们，先生们：

我们是刚从南方赶到这儿过春天的小燕子，没有征得主人的同意，就在这儿安了家，还要生儿育女。我们的小宝贝年幼无知，我们的习惯也不好，常常弄脏您的玻璃和走廊，致使您不愉快。我们很过意不去，请女士先生们多多原谅！还有一件事恳求女士们和先生们，请您千万不要埋怨服务员小姐，她们是经常打扫的，只是她们擦不胜擦。这完全是我们的过错。请您稍等一会儿，她们就来了。

——您们的朋友小燕子

旅馆经理把这封以小燕子的名义写的向旅客们道歉的信张贴到旅馆的大堂。游客们看了这封信后，都给逗乐了。不仅不再提意见，而且还对小燕子产生了一种特殊的感情，对这家旅馆更感亲切，并留下了美好的印象。

(四) 旅游专题公关

利用旅游专题公关活动向市场传递旅游信息是操作性较强的宣传促销途径。这种方法费用支付少，能够快捷实现社会信息交流。乡村旅游公关活动的形式众多，包括新闻发布会、记者招待会、行业内的茶话会、招待会、联谊会，以及摄影展、书画展、节庆、展销会等。

第十四章　乡村旅游的经营管理

第一节　乡村旅游财务管理

一、乡村旅游财务管理的内容

乡村旅游的经营活动，从价值上看是一种资金运动的循环过程，并贯穿于经营活动的始终。园区的财务管理，体现了园区经济活动过程中由资金运动所形成的经济关系。园区财务管理的内容如下。

（一）资金管理

包括：①筹资和投资管理，主要是指按计划从各种渠道筹集资金并进行投资活动的管理。②各项资产管理，主要包括流动资产管理、固定资产管理、无形资产、递延资产及其他资产的管理。③外汇资金管理，主要是对各种外汇资金及其风险的管理，以实现外汇收支平衡。

（二）成本与费用管理

主要是对园区成本与费用的开支标准、开支项目、开支范围的管理。

（三）营业收入、税金、利润的管理

主要是对园区收入的实现及其分配进行的管理。

（四）经济活动分析，又称财务分析

主要是通过财务报表对园区的经营活动及其所取得的财务成果进行考核、分析评估。

二、乡村旅游财务管理的方法

（一）财务预测和财务决策

财务预测是在充分调查研究的基础上，根据掌握的资料，运用科学的方法，对园区前期的投资建设和经营中的财务情况所作出的展望和估计。财务决策为经营者决策提供各种财务资料和经济信息。

（二）计划管理

计划管理就是编制和执行财务。它是园区财务部门对资金运动进行管理的一种方法，是规划园区资金占用量、成本费用水平和盈利能力的一种手段。

（三）建立各项财务管理制度

（四）实行定额管理

定额管理是指在正常情况下，为了保证经营的正常开展，对园区的资金占用和耗费规定一定的数额。

（五）日常控制

日常控制是指在经营过程中，对资金的收入、支出和占用、耗费等进行严格管理，将其控制在计划规定的范围之内。

（六）财务检查

（七）清查财产

（八）编制财务报表

(九) 财务分析

分析的内容包括资金分析、成本费用分析和盈利分析等。

三、乡村旅游成本的基本构成

无论规模大小，无论是否有专门的财务部门或专职会计，乡村旅游的开办经营者所面临的成本构成是基本类似的，为了便于进行成本核算与经营定价，我们需要对此有一个基本的了解。

(一) 乡村旅游成本的分类

1. 固定成本与变动成本

乡村旅游的成本按性质分类，可分为固定成本和变动成本。

固定成本，又称不变成本或分摊成本，是指只要开业经营就会产生，并不随接待游客数量的增减而变动的成本。如乡村旅游建筑物、客厅、餐饮设施的维护费用、银行利息、员工工资、广告费用和办公费用等。

变动成本也可称为可变成本，是指随着游客接待量的增减而变动的成本，如食品、饮料的原材料，客房与餐饮使用的易耗品，临时工的工资等。

一般说来，规模较大的乡村旅游固定成本比例相对较高。

2. 直接成本和间接成本

直接成本是指由于接待游客而直接发生的费用，如餐饮消耗的原材料、调料、配料和燃料，客房、餐厅的低值易耗品等等，这些费用可以直接计入某种产品的成本中。

间接成本是指为经营乡村旅游而在企业各部门中共同消耗的费用，这些费用不能直接计入某种产品生产费用中去，而需根据一定标准，进行分摊。如排污费、绿化费、广告费等，是乡村旅游整个企业经营活动的费用，不是为生产某一部分产品如餐饮部门的专门投入。

3. 营业成本、管理费用和财务费用

营业成本是指乡村旅游企业从事经营活动所支出的全部直接费用，包括折旧、修理费、低值易耗品摊销、职工福利、工资、运输、包装、保管、燃料、水电、广告宣传、物料消耗等各种支出。

管理成本是指乡村旅游企业管理部门在企业经营管理中所发生的、且不能直接计入营业费用的其他支出，包括行政办公经费、工会经费、职工培训费、劳动保险费、外事费、租赁费、咨询费、审计费、诉讼费、土地使用费等。

财务成本是指乡村旅游企业为筹集经营资金所发生的各种费用，包括利息支出、汇兑损失（外汇差价）、金融机构手续费等。

（二）乡村旅游的成本构成

在乡村旅游企业实际开办经营中，成本一般主要由以下几部分构成。

各种折旧费，包括建筑物的折旧费，各种设施、设备的折旧费，各种家电的折旧费（空调、冰箱、冷库、冷柜、音响、彩电等）。这些有形的物质设备其价值以折旧的形式转移到产品中，产品销售出去后，其价值才得到补偿。

各种设施、设备的维修保养费。

各种原材料消耗。

员工的工资、福利。

燃料动力与低值易耗品的消耗。

旅游企业的各种管理费，如工会经费、劳动保险费、办公用品费、交际应酬费、绿化费、坏账损失费等。

各种促销费用，如广告费、宣传费等。

其他费用，如机场接送费、行李搬运、邮电通信费、水电费、煤气费等。

四、餐饮成本核算与定价

（一）餐饮成本构成（主料、辅料、费用等）

餐饮成本是由饮食原料成本、加工成本、经营费用、服务收费、应纳税金和经营利润等因素构成的。

1. 饮食品原材料成本

饮食品所耗用的原材料成本包括主料、配料、调料和燃料费等。

（1）主料。它是构成饮食品实体的主要原料。就大多数饭菜来说，主配料成本占总体成本的大部分，由它决定饭菜的质量高低和数量多少。由于菜点原料在购进时，一般是毛料，大多必须经过加工处理，才能直接制作。经过加工处理可使用的为净料，余下的为下脚料。净料是组成饭菜点的主要材料，其成本直接构成产品之成本。

（2）配料。是指烹制饮食品所必须搭配的各种材料。

（3）调料。为增加饮食品色、香、味、形所必需的各种物料。菜肴烹制中，调味品虽用量少，但不可少，其成本是菜点成本的一部分，特别是油、盐、醋、花椒、味精、辣椒等用得很多，有些菜肴如麻婆豆腐，其调味品成本可超过主、配料之成本。

（4）燃料。制作饮食品所消耗的燃料，应以一定时期饮食平均燃料费用占总额成本的比例，核算出一个平均燃料费，再区别不同品种确定不同的燃料费。

2. 饮食加工成本、经营费用、服务收费、应纳税金和经营利润

这些费用包括人工费、管理费、办公费、服装费、利息支

出、排污费、绿化费、广告费等需要分摊的费用，也包括应纳税金和合理的经营利润。

(二) 餐饮成本核算

1. 乡村旅游菜点成本的核算

菜点的成本通常为耗用的生料、半制品、熟品、调味品成本之和，一般由主料成本、配料成本及调料成本之和组成。分别计算出这三种成本，加以综合，即为菜点的成本。

菜点主配料的计算。由于净料的成本直接构成餐饮食品的成本，因此，主配料成本的核算，就是净料成本的核算。其计算公式为：

主配料成本＝主配料进价×（主配料净用量÷利用率）

调味品的成本核算。调料品种繁多，用量较少。一般按标准测定调料的用量，得出一个金额作为计算调料成本的依据。也可按主料成本的一定比例进行计算。

2. 其他成本费用的核算

饮食从购进原材料到加工、销售的周期很短，而且品种繁多，其主料、配料、调料及烹饪技艺各不相同。要在每一份饮食中确定加工成本、经营费用、服务收费、应纳税金和经营利润，是难以办到的。因此，餐饮成本中的这一部分通常采用原材料成本加毛利的办法进行核算。

饮食的毛利是由各项生产经营费用（包括加工生产和销售饮食过程中所支付的水电费、物料消耗、工资及福利费、修理费、折旧费、家具用具摊销和其他费用等）、税金和经营利润构成。它是毛利和销售价格或原材料成本的比率。毛利率有综合毛利率和分类毛利率。

综合毛利率是是按照一个地区或某个乡村旅游企业的销售额和毛利总额来计算的。综合毛利率，是考核不同地区、不同饮食业在一定时期内销价总水平是否合理的综合指标；分类毛利率是指某一地区、某一等级乡村旅游的各类饮食品的毛利率。它是按照某一类饮食品的销价和毛利额来计算的。分类毛利率，是制定各类饮食品价格的依据。

（三）餐饮定价方式与方法

1. 餐饮价格的特点

首先，在乡村旅游的饮食品价格中，除了原材料成本可以单独核算外，加工、服务和销售等环节的费用支出及应得的盈利难以明确区分。

其次，在饮食品价格，除包括一般商品价格构成因素外，还包括为游客服务的劳务费。

最后，餐饮价格水平具有多层次性。乡村旅游的地理位置和档次、操作人员的技术水平、饮食品的特色不同，使饮食品的价格水平具有多层次性。

2. 饮食品售价的计算方法

饮食品销售价格，按毛利率形成的不同基础有两种计算方法。

（1）按内扣毛利率计算。

内扣毛利率，是指毛利额占销价的百分比，其计算公式为：

内扣毛利率（%）=（销售价格-原材料成本）销售价格×100；

销售价格=原材料成本/（1-内扣毛利率）。

其中，原材料成本应包括主料、配料、调料成本、燃料费，即原材料成本=原材料成本×（1+成本燃料率）。

（2）按外加毛利率计算。

外加毛利率，是指毛利额占原材料成本的百分比，其计算公式为：

外加毛利率（%）=（销售价格-原材料成本）/材料成本×100；

销售价格=原材料成本×（1+外加毛利率）。

（四）餐厅成本的控制

乡村旅游开办经营者必须对饮食成本进行严格的控制，才能获利并在竞争中占有优势。成本控制首先要强调节约，要处处精打细算，杜绝浪费，节省开支；其次，要全面控制成本，包括全员控制和全过程的控制，要使每个员工积极主动参与成本管理，制定合理的定额，通过各部门的协调、指导和监督，把成本控制落实到成本形成的全过程；最后，责权利要明确，只有奖惩分明，才能有做好成本控制的动力。

1. 菜点成本的控制

餐饮成本控制，最主要的是每份菜肴的成本控制，要控制其成本，就必须制定菜肴投料标准和食品配方标准，在实际操作中严格按照标准去做，既不能高也不能低。这样既能保证菜品的质量和数量，又能有效地控制成本。

2. 劳务成本控制

人工费用支出，是影响效益的重要因素。所以，劳务成本控制也是餐厅成本控制的重要内容。首先要定岗定编，根据市场变化，把餐厅员工人数控制在合理限度内，充分发挥每个人的作用，避免人员多余造成浪费。要明确每个员工职责范围、工作标准和应完成的工作量，使员工的管理达到具体化、责任化、规格化和标准化。

五、住宿成本核算与定价

（一）住宿成本构成与核算

乡村旅游的住宿服务与餐饮等商品不同，它不是向游客出售某种商品，而是利用拥有的设施设备和服务人员为游客提供住宿服务。这决定了住宿服务成本构成中服务性劳动报酬占有较大的比重，而各种设施的折旧费也占较大比重。具体来说，乡村旅游的住宿成本由以下几部分构成。

1. 人工费用

包括客房服务人员和管理人员的工资、福利、劳动保险、培训费用等。

2. 折旧与维修费用

包括为提供住宿服务而使用的各种设备设施的折旧与维修费用，如房屋、空调、彩电等的折旧维修费。

3. 低值易耗品的费用

包括洗涤费用与用品、卫生用品、各种棉织品等。

4. 其他费用

这里指需要分摊的费用，如管理费用、财务费用、广告费用等。

（二）住宿定价方式与方法

1. 住宿价格的制定原则

住宿的价格一般包括服务成本、经营利润和税金等。制定时应以服务成本为依据，并遵循国家经营政策，适当考虑供求关系、技术简繁、服务质量，还要注意竞争对手的影响以及与毗邻地区之间的衔接。具体来说应遵循以下原则。

按质论价的原则。住宿是提供的一种服务，服务的价格应遵循优质优价的原则制定，应根据不同等级、不同质量，实行优质优价、分等定价，并规定合理的比价和差价。

合理盈利的原则。在制定价格时，必须核实成本，在补偿合理支出的条件下保持合理的盈利，也要考虑消费者的承受能力。

合理稳定的原则。尽管住宿服务的价格一直呈上升趋势，但要合理制定价格，注意保持收费标准的相对稳定。

2. 住宿定价方式与方法

（1）客房成本核算。

首先，要准确核算客房成本，它是制定客房收费标准的基础。

其计算公式为：

某客房每天平均出租成本=客房每月总成本/（客房总面积×30）×房间面积

式中，客房总面积是指可供出租房间的使用面积，包括室内卫生间和壁橱等附属设施的使用面积。

乡村旅游正常经营时，常有一部分房间未能出租而闲置起来，因此。还要在平均成本的基础上，加上房间的正常闲置损失。

其计算公式为：

某房间每天出租理论成本=某房间每天平均出租成本/(1−房间闲置率)。

（2）确定客房和床位的收费标准。

在准确核算客房成本和合理掌握利润水平的基础上，按等分级确定客房和床位的理论收费标难。其计算公式为：

客房每天出租理论收费标准=客房每天出租理论成本/(1−利润率−税率)。

理论收费标准计算出来之后，再根据客房的朝向、楼层、通风、室内床位、设备设施等情况，确定不同房间的差价，最后确定客房实际收费标准。其计算公式为：

客房每天出租实际收费标准=客房每天出租理论收费标准±各客房的条件差价。

床位每天出租实际收费标准=客房每天出租实际收费标准/客房床位数。

六、淡、旺季价格调整

（一）淡、旺季旅游市场波动的原因

一般说来，旅游市场均具有波动性，也就是说会出现淡旺季，其原因如下。

1. 自然因素的影响

各旅游景区所在纬度、地形不同，各地的气候也不同，由于游客大都选择在适宜的气候时段内旅游，造成不同的季节，游客流量有很大的差异。如北方4月、5月或9月、10月的气候最宜旅游，在这个时段形成旺季，而其他时间不是过冷就是过热，则形成平季或淡季。

各旅游景区吸引游客的旅游资源特点不同，在一定时段，某些旅游资源会展现其最吸引人的一面，而在其他时段，则会相对逊色，如牡丹花卉、香山红叶、玉龙滑雪场等旅游资源均是在某个特定的季节最吸引游客，这同样造成旅游的淡旺季之别。

2. 社会因素的影响

社会因素包括的范围较为广泛，如老龄化社会的影响、游客偏好变化的影响、公共节假日的影响等，但毫无疑问，现阶段最主要的影响是公共节假日、带薪休假、周末和寒暑假的影响。

（1）老龄化社会的影响。判断一个国家是否进入老龄化

最重要的标准就是60岁以上人口是否占总人口10%以上，而据2005年统计，中国60岁以上人口是1.44亿，占全国人口的11%。因此，中国已经进入了老龄化社会。

老年人有较充足的时间，较高的消费能力，也有怀旧情怀，相对而言，他们更愿意到乡村旅游，但是他们受到气候的制约也相对明显，如何开发“银发旅游”市场，对乡村旅游平抑季节性的波动是十分重要的。

（2）游客偏好变化的影响。现在的游客更加推崇个性，更加注重特色，更愿意以散客的形式进行乡村旅游，一般而言，他们对季节的敏感性相对较低。

（3）公共节假日的影响。很显然，人们进行乡村旅游，不仅要有钱，更需要有时间，而闲暇时间较多地受到公共节假日的影响。从1999年起，中国施行“五一黄金周”和“十一黄金周”，在黄金周期间，各个景区，包括乡村旅游景区人满为患，而过后则门可罗雀，形成极为明显的客流波动。为此，从2008年1月1日起施行新的《全国年节及纪念日放假办法》，取消了“五一黄金周”。但从旅游实践来看，这些新法定节假日又形成了新的游客旺季，其他时间则为平季或淡季。值得注意的是，现在到乡下过大年也成为一种趋势，因此，经过努力，春节也可成为乡村旅游旺季。

一般说来，新颁布施行的《职工带薪年休假条例》有助于平抑旅游淡旺季，但由于我国企业条件不一，从客观上来说，效果不明显。

对乡村旅游来说，每个周末都是旺季，如何吸引更多的周边城市居民周末来乡村旅游是一个值得重视的问题。

由于中国实行计划生育的国策，提倡一对夫妇一个孩，因此，孩子们的消费能力较高，其提出的旅游要求也难以拒绝。在这种情况下，每年的寒暑假也可形成乡村旅游的旺季。

（二）平抑淡、旺季的措施

旅游淡旺季的波动常常给企业带来经营管理的困难，旺季的时候，旅游设施不足、人手不够，服务质量难以保证，易引起游客的抱怨，而淡季的时候，则开工不足，设施、人手大量闲置，难以保证收益。一般说来，较为平稳的旅游市场，最有利于乡村旅游企业的经营发展，而乡村旅游市场的波动又难以控制，为此，我们自身需要采取措施，尽量减少淡旺季的不利影响。

1. 加强经营管理

为了达到相对的旅游供求平衡，不能按旺季需求设计旅游住宿、餐饮等，通常按比平季略高的需求规模设计。在旅游旺季，通过在经营管理上挖掘潜力，以弥补供给的不足。这样可以避免淡季时，设施、人手的大量闲置。

2. 加强宣传营销

为了平衡季节性的波动，在淡季的时候要加大宣传力度，增加宣传方式如网络宣传，让更多的潜在游客了解景区的特色，到这儿来旅游。

3. 开发新产品

有效的宣传必须辅之以新产品的开发，独树一帜，开拓创新，建设具有当地文化底蕴和浓郁乡土特色的旅游产品和乡村旅游农事参与项目或民俗文化活动。

4. 施行淡旺季差价

由于旅游属于价格弹性较高的商品，即相当一部分游客会因价格的提高而放弃，或因价格的降低而前来，可以在旺季的时候提高价格，以减少客流，而在淡季的时候降低价格，以吸引游客。

（三）淡季价格下浮方式与方法

1. 确定价格下浮的幅度

在前面的“旅游定价策略与方法”中，我们介绍了增量分析定价法（边际成本法），在此可以用来确定淡季价格下浮的幅度。

首先需要明确乡村旅游开办经营的固定成本。一般而言，客房、餐厅及其他建筑、设备设施等的维修保养费用和折旧费用是不会由于游客是否到来而改变的，同样，各种应缴税费也有部分是固定的；不管我们是否在淡季裁员，总有部分员工是固定的，他们的工资福利等费用也是固定成本的一部分。然后，需要确定乡村旅游开办经营的变动成本，即随游客的数量而变化的成本。

在淡季时，由于设施、人员的闲置，而固定成本却必须支付，这时，只要游客支付的价格高于变动成本，我们就应接待，以减少亏损额。因此，淡季最大降价幅度为固定成本额度，但无论如何，其价格应高于变动成本，即在全部成本（固定成本与变动成本之和）与变动成本之间，至于具体降价多少，要看游客的感受和当地政府相关部门的规定，一般价格下浮在10%~30%。下浮幅度过小，难以引起市场的注意，而下浮幅度过大，一是没有必要，二是容易遭到同行的排挤。

2. 价格下浮方式与方法

价格下浮方式可以根据旺季、平季、淡季的情况直接制定相应的价格。也可以采用折扣定价策略。折扣下浮方式可以采取数量折扣方式，即游客消费达到或累计达到一定数量后给予一定价格优惠，这种方式有利于吸引回头客，适用于大都市周边的乡村旅游。也可以采取同业折扣的方式下浮，即在淡季的时候给予旅行社更多的让利，以充分利用旅行社的资源吸引游客。

（四）旺季价格上浮方式与方法

1. 确定价格上浮的幅度

如前所述，旅游是受价格影响较大的一种商品，价格的影响是十分巨大的。在确定提价前，最好做一下市场调查，问一问周边都市的潜在游客及来旅游的客人，他们能够接受价格上升的幅度，以免得不偿失。

另外，提价的幅度通常受到当地相关部门的约束和同行的制约，他们的态度也十分重要。例如，在单个乡村旅游经营户提价，而其他经营户不上浮的情况下，提价的农户可能失去大部分客源，因此，降价也许可以单独行动，提价通常需要同行们的协商。

一般而言，各地旺季价格调整幅度不一，波动较大，但通常在10%~50%。

2. 旺季价格上浮的方式、方法

如果对乡村旅游的旺季进行细分，就可以看出，不同的旺季时段火爆程度是不一致的，可以根据火爆程度的不同确定旺季价格上浮方式。

一般而言，周末游客较多且火爆程度一般，可以稍微提高价格，如10%。一般旺季时候，可以比双休日的价格更为上浮一些，而在“黄金周”等特别火爆的时段，可以较大幅度提高价格，取消给予常客或旅行社的优惠。

综上所述，无论是价格的上浮还是下浮，均要谨慎行事，最好进行比较翔实、准确的市场调研，在此基础上，遵守当地政府的有关规定，并与同行协商，然后再提升或降低价格，否则，难以获得价格浮动的好处，反而影响自身经营。

第二节　乡村旅游服务质量管理

一、服务质量管理概述

（一）概述

服务质量的好坏，直接关系着农庄、农家乐的客源、声誉，进而影响企业或农家乐业主的效益。服务质量决定了顾客的满意度。当不满意的顾客走出店门时，他们将失去一大笔未来的生意。而且，如果不满意的客人把他对企业的坏印象告诉其他人，也增加了损害未来生意总量的危险性。有学者指出，不满意的顾客平均会把其对企业的不满告诉 8~10 个人，而每 5 个不满意的顾客中会有一个人把其不满告诉 20 个人。因此，园区和农家乐个体经营者一样，想要获得生存发展或永续发展，要在激烈的市场竞争中占有一席之地，有必要为顾客提供较高质量的服务。

服务质量是指企业或业主提供的服务要适合和满足客人的需要，也就是，既要适合顾客生活的基本需要，即物质上的需求，还要满足顾客的心理需要，即精神上的需求。而所谓适合，是指农庄或业主为顾客提供服务是顾客所期望的，为所接受和喜爱。所谓满足，是指该种服务为顾客带来身心愉悦和享受，使顾客感到自己的愿望和期盼得到了实现。

（二）内容

服务质量包含两方面的内容，即物质设施条件与实物产品质量、服务水平。

1. 物质设施条件与实物产品质量

（1）设施条件。设施条件包括房屋、餐饮设施、住宿设施、娱乐设施等。设施条件是农庄或业主提供服务质量的物质基础，是农庄或业主赖以向客人提供服务的依托，它不仅反映出农庄或业主的接待能力，同时，它也是服务质量的基础和决定因素。没有必要的物质条件做后盾，服务质量就难以得到保证。不断改善服务设施条件，保证客人吃得好，住得舒适，方便、卫生、安全，就成为农家乐服务质量管理的重要内容。

农庄或家庭旅馆的设施条件也可以分为客用设施和后台保障设施。

客用设施也称为前台设施，是指直接供客人使用的那些设施，如客房设施设备、娱乐设施等。客用设施要求做到舒适方便、使用安全、完好无损、性能良好。后台保障设施是指不直接由客人使用的设施，如厨房设施设备、消防设施、供暖供气设施设备、消毒设施等。后台保障设施要求做到保证供应、安全运行。

（2）实物产品质量。实物产品可直接满足客人的物质消费需要，其质量高低也是影响客人满意程度的一个重要因素。农庄或农家乐实物产品质量通常包括以下几个方面。

①餐饮产品质量。餐饮产品主要是菜点酒水。首先要保证卫生，其次是要求原料选用准确，加工烹制精细，风味适口，能针对客人的口味和喜好，按照不同季节，调配好菜点的花色品种，做到色、香、味、形俱佳，借此使客人感受到乡土气息或地方特色。

②客用品质量。是指农庄或经营户直接供客人消费的各种生活用品，包括一次性消耗品（一次性使用的牙具、牙膏、拖鞋、梳子等）和多次性消耗品（如客房床上用品、餐具、酒具、茶具等）。农庄或农家乐提供的客用品可以不是高档的或者十分精致的，但是绝不应当是劣质品，否则会给客人留下恶劣的印象。客用品要求安全、卫生、适用、无破损。不宜模

仿高档星级酒店，盲目过度提供通常客人不需要的用品，那样只会徒增经营成本。

2. 服务水平

服务水平是检验农庄或乡村旅游经营户服务质量的重要内容。其内容包括很多，如礼节礼貌，卫生工作，热情，殷勤，周到、细致的服务态度，服务技能的熟练程度，服务效率，服务项目的多寡等。评价一个农庄或经营户服务水平高低，主要看这些方面达到的程度，做得好的就是服务水平高，反之就是服务水平低。具体而言，包括以下方面。

（1）礼节礼貌。管理者与服务人员要注意礼貌礼节。礼貌礼节在服务工作中非常重要，它反映了对客人的尊重、欢迎、感谢和友好。礼貌礼节内容较多，各个国家、民族及地区也不尽相同，基本要求包括仪容仪表、言行举止等。

（2）职业道德。职业道德是从业人员在服务过程中应遵守的道德准则和行为规范的总和，它是社会道德在职业活动中的具体体现。作为农庄或乡村旅游从业人员，应遵循爱岗敬业、热情友好、真诚公道、信誉第一、文明礼貌、一视同仁、团结协作、遵纪守法的职业道德规范。

（3）服务态度。服务态度要做到主动、热情、耐心、周到。主动，就是要掌握服务的规律，处处主动为客人服务；热情，就是要像对待自己的亲人一样，笑容常展，在接待服务过程中，始终要笑脸相迎，微笑是服务的基本要求；耐心，就是在为客人服务中不急躁、不厌烦、态度和蔼，办事认真；周到，就是要把服务工作做得完善妥帖，细致入微。

（4）服务技能。服务技能是农庄或经营户提高服务质量的技术保证。主要包括餐饮服务、客房服务、娱乐服务、销售服务等。从业人员需要掌握一定的知识与较为熟练的操作技术，从而能够适应具体情况灵活恰当地运用操作方法和技能为客人提供正确、及时的服务。

服务技能包括制作技能和操作技能。制作技能是指生产实物产品的技术，如厨房烹制、土特产品与风味产品制作、乡土工艺品制作技术等；操作技能指各种直接服务操作和供应操作，如餐饮接待服务技能、餐厅整理技能、客房接待技能、客房整理技能、户外娱乐服务技能等。所有这些技能都有一定的质量标准、数量标准、速度标准，各种接待技能最好有操作规程、语言动作及仪表要求，否则服务质量也将难以从根本上得到提高。

（5）服务效率。服务效率是服务水平的一个重要方面。外出旅行的客人最感头痛的就是等候。如果服务效率掌握不好，让客人等候时间过长，很容易让客人产生烦躁、不耐烦情绪，从而影响客人对农庄或经营户的服务质量的评价。因此，尽量减少客人等候是农庄或经营户提高服务质量的一个重要目标。为了做到这一点，在服务中我们要讲究效率。当然，并非在任何情况下我们都要追求短时间内提供服务，有时也要根据客人的实际需要灵活掌握，在客人最需要某项服务时以及时提供。

通常用服务时限来表示服务效率，如客人点菜后 15 分钟内上第一道菜、为客人办理入住手续与结账离店手续不超过 3 分钟、接听来电响铃不超过三声、租借物品要求 5 分钟内送至客人手中等。这些农庄或农家乐管理者可以用服务规程与服务标准来确定各项服务的提供时限。

二、服务基本要求

（一）住宿

1. 一般设施

住宿设备和设施主要包括以下几项。

（1）房屋。分为自主和商用两用房屋、别墅或空余闲置房屋或新建旅馆等。

（2）家具。包括床、衣柜、桌椅、衣架以及餐桌等。

（3）生活用品。

毛巾：浴巾、面巾、地巾等。

软垫：底垫、靠垫、坐垫。

床上用品：床单、枕芯、枕套、毛毯、床罩、备用薄棉被、衬垫等。

卫生用品：香皂、浴液、洗发液、牙刷、牙膏、漱口杯、浴帽、卫生纸、卫生袋、拖鞋、污物桶、梳子、浴帘、洗衣袋等。

饮品饮具：茶叶、茶杯、暖水瓶、烟灰缸、饮用水。

（4）其他用品。

提示用品：服务指南、住宿须知、防火指南、宾客意见表、价目表。

辅助用品：针线包、急救箱。

提示挂牌：请勿打扰、请打扫房间、请勿在床上吸烟等的说明或标识。

（5）服务设施。

洗涤用具：洗衣机、洗衣粉（液）。

淋浴器具：淋浴器。

温控器具：冷暖空调、红外线、电风扇。

卫生洁具：蹲坑具、洗脸盆。

照明器具：床头灯、台灯、照明灯、充电座。

其他器具：根据经营或客户要求配置。

2. 要求

（1）在明显位置悬挂说明牌，向客人公布住宿价格和住宿须知等服务指南，实施住宿登记制度。

(2) 客房设施具有当地民俗、民情特色，室内配有必需的生活用品，防蚊蝇设施。客房清洁卫生、宽敞明亮。门窗完好，无破损。

(3) 客房内备有足够的冷暖设备或换气装置。

(4) 客房被褥、床单、枕巾等用具能统一收集、统一清洗消毒，做到一客一换。

(5) 客房茶具和洗漱用品用后必须清洗消毒；每日定时清理房间，保持室内卫生，天花板、墙壁无蜘蛛网，地面干净无尘土，无卫生死角。

(6) 有独立的洗浴间，配备热水器淋浴设施；有挂钩、梳妆镜等附属配套设施，墙壁、地面平整光洁，喷淋排污通畅。

(7) 客房、卫生间每天至少整理一次，并能根据客人要求随时整理。

(二) 餐饮

1. 一般设施设备

通常为客人提供当地的风味餐饮的农家乐应配备如下烹饪和就餐器具。

(1) 炉具设备。

(2) 冷藏设备。

(3) 厨房器皿。

(4) 食物储存容器。

(5) 煮锅、蒸锅、煎炒锅。

(6) 勺具、刀以及厨房杂件。

(7) 洗涤器具。

(8) 消毒器具。

(9) 各类就餐瓷器具。

（10）其他器具设备设施。

2. 要求

（1）餐饮应明码标价，如对客人用餐有特殊要求，需要在明显位置悬挂说明标识或用餐须知。

（2）餐饮设施设备完好，餐具用后必须消毒。

（3）能随时提供当地特色菜肴，且品种丰富、独特性明显。

（4）餐饮服务符合国家食品卫生的规定，并配有消毒设施，餐具禁止使用对环境和人体有害的非环保类产品。

（5）储藏、加工、制作食品作到生熟分开，禁止向游客兜售过期变质食品。

（6）餐厅环境整洁、干净，通风良好，有空气消毒、消灭蚊蝇等虫害的设施。

（三）娱乐

1. 一般设施设备

娱乐活动主要是农耕体验，这是农村生产和生活的一种统称，包括渔、樵、耕、读等直接农业，以及酿酒、制茶、养蚕、造纸、烧瓷、风筝、年画等派生农业。为了满足旅客体验农耕的生产和生活乐趣需求，经营者需配置一些常用农耕工具，包括：犁、镰刀、铲子等农具。上述设备仅涉及部分农耕器具，具体配置何种设备或设施，应视何种农耕体验类别而定，并结合接待能力和规模，配以适量的体验器具。

2. 要求

（1）如有采摘、钓鱼等休闲娱乐活动，应提供相关活动的介绍与服务指南，并设置清晰的导引标识。

（2）有专门人员负责提供相关服务，解答游客问讯。

（3）为特定人群（老年人、儿童等）配备旅游工具、用品，提供特殊服务。

（四）服务

（1）管理和服务人员统一着装，戴牌上岗，做到用语文明、对客热情、礼貌。民俗旅游经营户的服务人员应着民族服装。

（2）服务人员经过上岗培训，具备一定的文化知识和旅游服务技能，能提供相应的服务。

（3）应有 24 小时能提供服务的人员。

（4）能用普通话作为服务语言。

（5）设置游客信箱或意见簿，并公布监督电话。

（五）安全

安全保卫是保证和提高服务质量的一个重要环节。客人到农家乐来住宿、就餐或者娱乐，经营者必须保证客人的生命财产安全，这是正常经营活动开展以及客人开展各项活动的基础，否则，一切都是空谈。在农家乐，要加强保卫，防止火灾，防止偷盗，防止食物中毒等事故的发展。具体而言，应当做到以下几点。

（1）认真执行公安、交通、劳动、质量监督、旅游等有关部门安全法规。建立完善的安全保卫制度，工作全面落实。

（2）房屋及附属设施的消防、防盗、救护设施齐全，家用电器、燃器等设有安全保护装置，运行正常，无安全隐患。

（3）户外休闲娱乐区的危险地段标志明显，有防护设施，高峰期有专人看守。

（六）卫生

（1）周围环境优美，建筑物墙面整洁无污垢，房前屋后无乱搭、乱建、乱堆、乱放现象，空气清新无异味。

（2）生活污水、粪便经污水处理池等方式有效处理后排放。

(3) 公共卫生间男女分开，并设置醒目的标识，坑位、储池分离，使用封闭式或水冲式厕所，同时配备必要的照明设备。

(4) 生活饮用水安全、卫生，符合国家饮用水标准。

(5) 家畜、家禽无疫情，无威胁到游客人身安全的动物。

(6) 从业人员及经营户家中人员身体健康，无传染病或家族遗传病史。从业人员还需有卫生部门颁发的健康证。

主要参考文献

甘枝茂，马耀峰 . 2000. 旅游资源与开发［M］. 天津：南开大学出版社.
马俊哲，耿红莉. 2019. 休闲农业和乡村旅游政策解读［M］. 北京：中国农业出版社.
唐德荣. 2018. 休闲农业与乡村旅游实务［M］. 北京：中国农业出版社.
吴东红. 2017. 现代休闲观光农业建园与管理［M］. 北京：中国农业出版社.
徐丁，李瑞雪，武建丽. 2018. 休闲农业与乡村旅游［M］. 北京：中国农业科学技术出版社.
中央农业广播电视学校. 2018. 休闲农业与乡村旅游［M］. 北京：中国农业出版社.